Einer von uns ist der Boss

Mein Hundeleben erzählt
in einem Bilderbuch für Jung und Alt
mit Herz und Verstand

Detlev Dinter

Einer von uns ist der Boss

Mein Hundeleben erzählt
in einem Bilderbuch für Jung und Alt
mit Herz und Verstand

Detlev Dinter

www.wagner-verlag.de

Ein Buch aus dem WAGNER VERLAG
Korrektorat: Marianne Glaßer
Layout/Umschlaggestaltung: Wagner Verlag GmbH

1. Auflage
ISBN: 978-3-86279-899-5

Bibliografische Information der Deutschen Nationalbibliothek:
Die Deutsche Nationalbibliothek verzeichnet diese Publikation in der
Deutschen Nationalbibliografie; detaillierte bibliografische Daten sind
im Internet über http://dnb.d-nb.de abrufbar.

Die Rechte für die deutsche Ausgabe liegen beim
Wagner Verlag GmbH,
Langgasse 2, D-63571 Gelnhausen.
© 2013, by Wagner Verlag GmbH, Gelnhausen
Schreiben Sie? Wir suchen Autoren, die gelesen werden wollen.

Über dieses Buch können Sie auf unserer Seite www.wagner-verlag.de
mehr erfahren!
www.wagner-verlag.de/presse.php
www.facebook.com/meinverlag
Neue Bücher kosten überall gleich viel.
Wir verwenden nur FSC-zertifiziertes Papier.

Das Werk ist einschließlich aller seiner Teile urheberrechtlich geschützt. Jede Verwertung und Vervielfältigung des Werkes ist ohne Zustimmung des Verlages unzulässig und strafbar. Alle Rechte, auch die des auszugsweisen Nachdrucks und der Übersetzung, sind vorbehalten! Ohne ausdrückliche schriftliche Erlaubnis des Verlages darf das Werk, auch nicht Teile daraus, weder reproduziert, übertragen noch kopiert werden, wie zum Beispiel manuell oder mithilfe elektronischer und mechanischer Systeme inklusive Fotokopieren, Bandaufzeichnung und Datenspeicherung. Zuwiderhandlung verpflichtet zu Schadenersatz. Wagner Verlag ist eine eingetragene Marke.
Alle im Buch enthaltenen Angaben, Ergebnisse usw. wurden vom Autor nach bestem Wissen erstellt. Sie erfolgen ohne jegliche Verpflichtung oder Garantie des Verlages. Er übernimmt deshalb keinerlei Verantwortung und Haftung für etwa vorhandene Unrichtigkeiten.
Druck: Heimdall Verlagsservice, Rheine, info@lettero.de

Prof. Dr. med. Thomas Haak, Chefredakteur Diabetes Journal:

„'Einer von uns ist der Boss' ist eine amüsante Liebesgeschichte zwischen der Hündin Cora und ihrem Herrchen, erzählt aus Sicht von Cora.

Jedem Hundeliebhaber wird bei den Geschichten das Herz aufgehen und so mancher Lachmuskel wird strapaziert.

Echt empfehlenswert ..."

Prof. Dr. med. Thomas Haak
Internist, Endokrinologe und Diabetologe
Chefarzt Diabetes Zentrum Mergentheim

Was ich Euch in meinem Buch alles erzähle:

Stunde null oder aller Anfang ist schwer	13
Erziehung geht ganz einfach	19
Tierärzte und andere Bedrohungen	25
Meine Liebhaber und meine Freundinnen	35
Hundeschule	55
Herrchen und die Frauen	63
Ein Urlaubsflirt und mehr	67
Zum Schmunzeln und Genießen	75
Durch das Jahr spazieren	105
Auch von Freunden muss man Abschied nehmen	121
Nachwort	127

Hauptdarsteller

Ich bin Nico und halte mich für den Chef vom Bodensee ...

Ich bin Swipp und sehr pfiffig; bei mir ist immer was los ...

Ich bin Cora und neben mir sind meine beiden aktuellen Lover ...

Personal

Ich bin derjenige, der alles aufschreibt, was Cora diktiert ...

... und ich muss alles andere erledigen und ausbaden sowie Hundefutter und Menschenfutter besorgen.

Stunde null oder aller Anfang ist schwer

Hilfe! Ich bekomme kaum Luft, ich werde gequetscht und getreten, muss Reste essen, die die anderen übrig lassen, und kämpfe um jeden Schluck Wasser.

Ich bin uninteressant, unwichtig, einfach nur die Letzte – denken alle meine Brüder und Schwestern. Ja, ich bin die Kleinste und Schwächste aus dem ganzen Wurf und deshalb glauben meine Geschwister, sie könnten mich mobben. Aber wenn ich groß werde, dann zeige ich es euch.

Die fetten Rüden mit ihren Quadratschädeln drängeln mich immer wieder weg vom Futternapf. Wenn ich mich dann tatsächlich mal bis in die erste Reihe vorkämpfe, muss ich ganz schnell und hastig zusehen, etwas zu erwischen. Schon rumpeln die großen Kaliber wieder ran, Egomanen, rücksichtslos gegenüber den Schwachen!

Was soll aus denen später bloß mal werden? Politiker, Manager, Vorstandsvorsitzende ... ist mir auch egal, Hauptsache, ich überlebe hier.

Mein künftiges Rudel hat die Situation analysiert und bei der Züchterin sofort interveniert. Immerhin wurde ich dann etwas privilegiert oder auch subventioniert, wie die Zweibeiner sagen. Konkret heißt das:

Ich durfte noch eine Woche lang bei Mama saugen – die Fetten nicht!

Überhaupt kamen wir immer öfter in den Laufstall, wenn sich Zweibeiner zu Besuch angekündigt hatten. Die stellten sich dann um den Laufstall rum, redeten, lachten, gestikulierten und zeigten sogar mit Fingern auf uns. Was soll das denn?

Manchmal wurde einer von uns gepackt, genau inspiziert und etwas rumgetragen und an andere Zweibeiner weitergereicht.

Am Schlimmsten war es, wenn einer geholt wurde, und er kam nie wieder.

Das hat uns Übriggebliebene ziemlich verstört und ratlos gemacht. Meine Chancen am Futternapf haben sich dadurch natürlich geringfügig verbessert.

Eines Tages hat es auch mich erwischt. Zwar wollte ich meinem Schicksal entgehen und habe noch versucht, mich in der großen Wohnküche der Züchterin zu verstecken, aber sie haben mich dann doch gefunden ...

Da habe ich aber Angst bekommen.

Von meinem Versteck aus habe ich vernommen, dass ich der erste Hund für mein künftiges Herrchen sein würde. Auch das noch!

Da kam mir eine Idee. Cora, das ist deine Chance! Ich mache mich bei dem Ahnungslosen zum Boss und ihn zu meinem Hund! Aber wie macht man das nur?

Erst mal galt es, mich in meiner Umgebung zurechtzufinden. Das war gar nicht so einfach, denn ich wurde oft hin und her transportiert, alle wollten mich sehen und streicheln und anfangs traute ich den Zweibeinern nicht; schließlich hatten sie mich ja entführt oder als Geisel genommen? Meine Mama und meine Geschwister habe ich schon vermisst, auch wenn sie manchmal stinkig zu mir waren.

Toll war, dass ich einen Fressnapf für mich allein hatte. Nur Herrchen stand oft dabei und ich war mir nicht ganz sicher, ob er mitfressen will oder mir gar alles wegfressen wird. Hat er aber nicht gemacht.

Richtig denken können Zweibeiner nicht. Ich erkenne zwar an, dass sie sich manchmal bemühen, alles richtig zu machen, aber es klappt halt nicht immer. Jemand aus meinem neuen Rudel hatte eine tolle Idee, fand er zumindest, und kaufte mir den Original-Welpen-Laufstall, wie ich ihn bei der Züchterin hatte. Das sollte mir das Eingewöhnen erleichtern. Pustekuchen!

Bei der Züchterin war immer das komplette Rudel im Laufstall und es war was los. Trotz des unsozialen Verhaltens meiner Geschwister gab es dort das gewisse Flair, auf das Hunde abfahren. Hier war ich allein im Laufstall und mein neues Rudel lief draußen umher; das passte mir überhaupt nicht. Nach vielfachen Protesten und Fluchtversuchen, die leider alle misslangen, wurde ich aus diesem Gefängnis entlassen und durfte von nun an in Freiheit leben – nicht ganz, denn ich musste fortan meist mit einer Leine auskommen. Vermutlich war ich auch nur auf Bewährung draußen, deshalb die Leine; das ist so etwas wie Fußfesseln für Vierbeiner.

Manchmal wurde ich von sehr kleinen Zweibeinern betatscht, die dann „Ei, ei, wau, wau" sagten. Nach längerem Nachdenken bin ich der Meinung, es handle sich um Zweibeiner-Welpen. Was sie mir sagen wollten, habe ich lange nicht entschlüsselt. Heute weiß ich, dass diese Botschaft keinerlei brauchbare Informationen für mich enthielt.

Die ersten Gassigänge waren sehr aufregend und anstrengend. Einmal um den Block und ich war platt, denn ich habe mich jedes Mal und bei allem total engagiert. Fremde Zweibeiner nannten mich deshalb „die wilde Cora"!

Mein Temperament hat mir offensichtlich mein Papa vererbt, den ich aber nie zu Gesicht bekommen habe. Bei meiner Geburt war Mama fünf Jahre alt und Papa zwei Jahre!

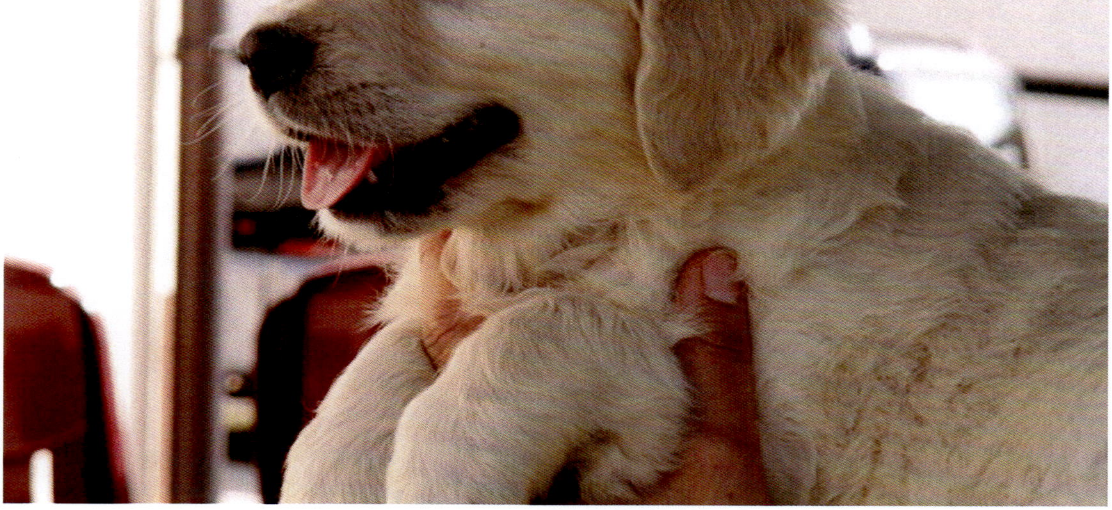

Jeden Tag so viel Neues, das macht müde!

Erziehung geht ganz einfach

Wie mache ich Herrchen zu meinem Untertan? Dies ist eine zentrale Frage für mein künftiges Leben. Da kam mir der Zufall zu Hilfe!

Weil es mir mal im Magen nicht so wohl war, habe ich zunächst mein Futter verweigert. Dies hat Herrchen in eine mittlere Panik gestürzt und deshalb bot er mir etwas Nobleres zum Futtern an. Aber auch das lehnte ich ab. Dann holte Herrchen etwas ganz Besonderes (Leckerlies) und da konnte ich nicht mehr widerstehen.

Aha, das muss ich mir merken, durch mehrmaliges Verweigern kann man den Menuplan zu seinen Gunsten ändern, man bekommt quasi ein Upgrade.

Ein Etappensieg, nicht mehr, aber auch nicht weniger; auch eine Weltreise beginnt mit dem ersten Schritt.

Bald konnte ich einen nächsten Schritt für meinen gesellschaftlichen Aufstieg folgen lassen.

Mein Herrchen hing lässig lümmelnd in seinem Fernsehsessel und kaute immer wieder unbekannte Dinge. Zwischen Fernseher und Herrchen platzierte ich dann meine Wenigkeit und blickte ihm unverwandt und stur in die Augen. Der Boss kaute mit stoischer Ruhe weiter, nichts zu machen, oder vielleicht doch?

Diktatorisch erklärte mir der Zweibeiner dann, dass er nicht daran denkt, mich an seinen kulinarischen Genüssen teilhaben zu lassen.

Kurzzeitig dachte ich über einen Strategiewechsel nach, vielleicht sollte ich ihn anknurren oder bellen? Nein, ich blieb bei meinem stummen Psychoterror und fixierte ihn mit traurigen Augen. Herrchen begann zu schwächeln!

Wortreich wollte er mir sein Verhalten erklären und sich rechtfertigen. Es half nichts, konsequent verfolgte ich meine Taktik und wollte ihn am Boden haben. Endlich erhob sich der Zweibeiner, murmelte etwas vor sich hin und drohte mir, es wäre aber das letzte Mal und ab morgen würde alles anders werden, und holte mir schließlich doch die gewünschten Leckerlies.

Na also, es geht doch!

Ein wichtiger Bestandteil in meinem Tagesablauf ist das Gassigehen, also die Geschichte mit der Leine, einer oben und einer unten. Meist muss der Untere das machen, was der da oben will. Herrchen ist aber anders und hat seinen ganzen Hundeverstand eingesetzt. Ein Welpe muss erst mal seine neue Umgebung und seine veränderte Umwelt kennenlernen, dozierte er immer anderen Zweibeinern gegenüber. Also durfte ich machen, was ich wollte, Herrchen an der Leine immer hinter mir her.

Ich blieb stehen, um zu schnuppern, Herrchen blieb stehen; ich gehe nach rechts, Herrchen auch, nach links und zurück funktioniert genauso, Herrchen murrt nicht und knurrt nicht.

Auf einem Parkplatz habe ich mal meine Macht getestet. Den Zweibeiner im Schlepptau habe ich mich im Zick-Zack und vor und zurück über den Platz bewegt; Herrchen hat alles mitgemacht!

Dann schien es ihm zu dämmern, dass ich ihn langsam zum Affen mache.

Seine Befehle „Nein" und „Hier" habe ich grundsätzlich überhört, ich verstehe ja keine Menschensprache und bellen, knurren und jaulen kann Herrchen ja nicht richtig.

Dann versuchte er es wieder mit Quatschen. Die Gegend würde ich doch nun schon kennen und ich könnte doch mal langsam anfangen zu folgen. Denkste! Ich könnte schon, aber ich will nicht.

Verlorenes Terrain müsste sich der Zweibeiner nun mühsam zurückerobern, aber das schafft Herrchen nicht, ich habe einen eisernen Willen und ihm fehlt die Ausdauer und Konsequenz.

Eines Tages glaubte mein Zweibeiner, er müsse mir das Alleinsein auch mal beibringen. Also ließ er mich im Zimmer und schloss die Tür hinter sich. Was soll das denn? Das hat er doch noch nie mit mir gemacht!

Nach kurzer Zeit begann ich zu weinen und hilflos zu jaulen. Da bemerkte ich, dass Herrchen hinter der Tür stand. Da holte ich alles aus meinen Stimmbändern heraus und Herrchen stürzte ins Zimmer herein, um mich zu trösten.

Als er ein paar Tage später wieder versuchte, mich allein zu lassen, begann ich sofort zu plärren und die Sache war endgültig entschieden; ich hatte nun für mich einen 24-Stunden-Service eingerichtet, 365 Tage im Jahr.

Wir machen mal eine Übung – so nenne ich den Bereitschaftstest für Herrchen; schließlich müssen alle Notfalldienste permanent einsatzbereit sein. Manchmal tue ich nachts so, als ob ich dringend raus muss, und jaule und laufe zur Tür. Herrchen quält sich aus seinem Bett und zieht sich an. Wenn er dann ausgehfertig mit Mantel, Schal, Mütze und Handschuhen dasteht, dann … lege ich mich wieder zum Schlafen hin – es war ja nur eine Übung und Herrchen hat bestanden!

Herrchen muss für mich rund um die Uhr einsatzbereit sein. Das überprüfe ich immer wieder mal ….

Der entscheidende Punkt im Machtkampf zwischen Vierbeiner und Zweibeiner ist die Eroberung des Bettes und des Sofas!

Ein Hund kommt nicht ins Bett! Diesem eisernen Prinzip wollte mein Zweibeiner unbedingt folgen – bevor er mich kannte! Zugegeben, Herrchen leistete länger Widerstand als gedacht und ich hätte fast schon aufgegeben, nachdem ich ungefähr zwei Jahre versucht habe seine Prinzipien zu torpedieren. Vielleicht brauchte er diese letzte Bastion noch, um sich als großer Hundeerzieher fühlen zu können.

Meine Stunde kam, als Herrchen sich einmal kraftlos, müde und abgeschlagen ins Bett fallen ließ. Die zweite Seite seines Doppelbettes war verwaist, also legte ich mich einfach zu ihm und erwartete gespannt seine Reaktion. Nichts!

Er streckte seinen Arm zu mir herüber und kraulte mich. Als Dank schleckte ich ihm den Arm ab. War die Sache damit entschieden?

Endlich bewies mein Zweibeiner einmal Konsequenz; beim zweiten Versuch ins Bett zu kommen ließ mich Herrchen einfach gewähren, wenn schon, denn schon.

Die Tabuzone „Sofa" war natürlich als Nächstes fällig und stellte auch keine echte Herausforderung mehr für mich dar.

Etwas ganz Wichtiges zum Thema Erziehung noch zum Schluss: Ab und zu muss man den Zweibeinern das Gefühl geben, sie hätten auch etwas zu sagen.

Bei für mich unwichtigen Dingen lasse ich Herrchen ruhig auch mal bestimmen und folge ganz brav. Dann ist Herrchen wieder ganz stolz auf sich und mich.

Tierärzte und andere Bedrohungen

Als frischer Welpe war man ja noch sehr naiv. Auf meinen Schnuppertouren kam ich immer wieder an einem Haus vorbei, wo es unheimlich viele Gerüche von Artgenossen gab. Außerdem duftete es nach Katzen und anderen jagdbaren Zeitgenossen.

Dies interessierte mich brennend und deswegen zog es mich immer wieder an diesen fantastischen Ort. Oft setzte ich mich vor die Tür und wartete auf eine Möglichkeit noch näher an die Quelle dieser Düfte zu gelangen.

Das ist weit und breit der einzige Hund, der gern zum Tierarzt läuft, bewunderten mich die Zweibeiner und lobten Herrchen, der das offensichtlich gut hinbekommen hatte. Nur, so einen direkten Kontakt hatte ich ja noch gar nicht, zumindest nicht bewusst.

Meine ersten Erfahrungen mit jenen Zeitgenossen, deren hauptsächliches Interesse darin besteht, uns Vierbeiner im Namen der Veterinärmedizin zu drangsalieren, waren nicht so negativ. Aber das sollte sich ändern.

Nach einigen Wochen des Einlebens begann eine sehr unerfreuliche Phase in meinem Leben. Über Monate hinweg litt ich unter Durchfall. Zusammen mit Herrchen haben wir Stress gehabt. Er legte sich in jener bösen Zeit nachts angezogen auf das Sofa, signalisierte damit höchste Einsatzbereitschaft und dies war auch bitter nötig.

Rekordwert bei den nächtlichen Einsätzen: Neunmal in einer Nacht versuchten wir das rettende Ufer zu erreichen, bevor der Verdauungs- und Entsorgungstrakt in mir aktiv wurde. Manchmal waren wir nur zweiter Sieger; dann packte Herrchen seine Beseitigungsutensilien aus und konnte dank diverser Hilfsmittel die sichtbaren und die Geruchsspuren verschwinden lassen. Das rechne ich ihm hoch an.

Die Ursachenforschung erwies sich als Odyssee. Mehrere Tierärzte wurden konsultiert und trotz Meinungsvielfalt gab es keine passende Lösung. So wurde ich zur Blutentnahme bestellt und dies ging gründlich schief: Es kam kein Blut! Spritze aus der Vorderpfote raus und der nächste Versuch an der Hinterpfote. Ich habe geschrien, was das Zeug hielt, und hatte nur noch Fluchtgedanken, einfach nur noch weg.

Das war es dann mit den Tierärzten! Von nun an sind das meine Feinde! Übrigens brachte die Blutuntersuchung kein belastbares Ergebnis.

Schon die Nähe eines Tierarztes versetzt mich in Panik und ich habe deswegen mit Herrchen schon heftige Auseinandersetzungen gehabt. Von Zeit zu Zeit probiert es Herrchen immer wieder mich zu diesen unerwünschten Personen zu schleppen.

Kapiert er denn nicht, dass ich da nie mehr hin will? Ich zeige es ihm doch jedes Mal ganz deutlich. Als uns der Tierarzt auf einem Gassigang begegnete und mich freundlich ansprach, wechselte ich sofort die Straßenseite, Herrchen im Schlepptau.

Wenn ich mal wieder am Bodensee bin, also in meiner zweiten Heimat, dann fahren Herrchen und seine von mir ausgesuchte Lebenspartnerin, wie ich das gemanagt habe, ist ein Kapitel für sich, zu einem schönen Bauernhaus, gehen mit mir spazieren und irgendwann in das Haus hinein zu einem freundlichen Mann.

Misstrauisch überlege ich mir, was das Ganze soll. Der Mann sitzt auf seiner Heizung, spricht mit mir, streichelt mich – aber irgendwie erinnert mich das an Tierärzte – oder täusche ich mich? Herrchen bezahlt dann immer etwas und wir dürfen gehen; finde ich komisch, dass Herrchen fürs Streicheln bezahlen muss!

Ich grüble noch über ein Vorkommnis bei diesem Mann. Bevor wir in das Bauernhaus gingen, kam ein Artgenosse zitternd und schwitzend raus. Im Vorbeigehen rief er mir zu, ich solle bloß nicht reingehen, es gäbe nur Stress. Jetzt wollte ich auch nicht mehr ins Haus gehen, aber unter sanfter Gewaltanwendung musste ich doch. Es gab aber keinen Stress und Herrchen musste wieder bezahlen. Das verstehe ich gar nicht. Wofür? Andere streicheln mich doch umsonst?

Auffällig für mich ist, dass meine Begleiter sich immer sehr um mich bemühen, mir den Kopf und Körper halten, auf mich einreden und mich loben, wenn wir bei diesem Mann sind. Ich arbeite weiter an der Entschlüsselung dieses Phänomens.

Dann ist da noch das Problem mit der Kastration oder Sterilisation. Die Zweibeiner faseln öfter mal darüber, aber bisher ohne Konsequenzen für mich. Herrchen meint immer, er hätte ein Problem damit, eine gesunde Hündin zur Totaloperation zu bringen.

Bei meinen Kumpels frage ich auch ab und zu mal nach. Die Rüden werden ganz wütend, wenn ich das Wort Kastration verwende; die Mädels haben da völlig unterschiedliche Meinungen, manche sind operiert, andere nicht.

Wenn ich deswegen zum Tierarzt muss, baue ich einen Aufstand!

Ich gebe ja zu, dass Tierärzte manchmal rettende Engel sein können. Meine Lieblingsbeschäftigung beim Gassigehen ist es, Stöckchen zu zerkleinern. Dabei ist es früher auch schon vorgekommen, dass so ein Spieß im Rachen stecken blieb. Einmal konnte mich Herrchen retten, ein anderes Mal die Veterinärmediziner.

Auch mit einem entzündeten Zeckenbiss musste ich auf deren Mithilfe zurückgreifen.

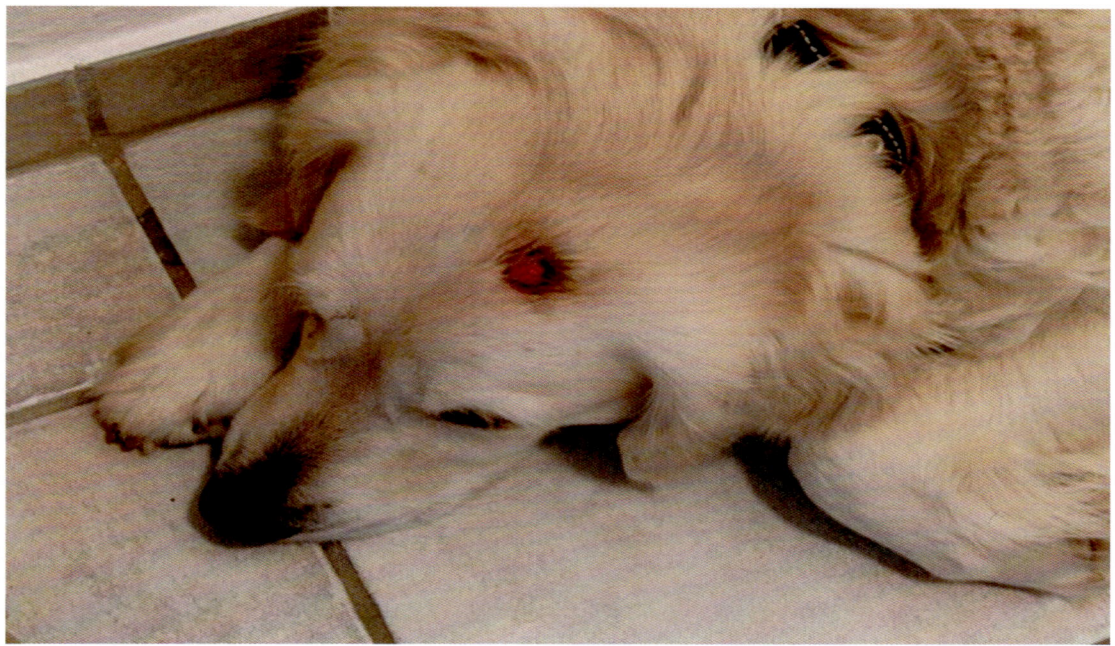

Ansonsten finde ich die ganze Atmosphäre dort und das Prozedere äußerst hundefeindlich.

Mich stört auch, dass die Menschen komische Bräuche haben. Warum beschnuppern sie sich eigentlich bei einer Begrüßung nicht am Hintern?

Das ist doch eine tolle Informationsquelle!

Zweibeiner haben öfter mal einen Knall oder sogar mehrere. Jedes Mal zur Jahreswende bricht für uns Vierbeiner und unsere empfindlichen Ohren eine schreckliche Zeit an. Auch während des Jahres gibt es immer wieder Feste mit bunten Blitzen und dem dazugehörigen Lärm.

Momo, mein erster Lover, rannte immer in den Keller, wenn es krachte, und versteckte sich dort im hintersten Eck. Swipp, sein Nachfolger mit dem schwedischen Namen, versteckt sich immer in der Dusche; zumindest ist da sein Rudel eher verfügbar. Mir passen beide Varianten nicht, ich laufe immer weg, egal, wohin.

Für Herrchen ist es dadurch natürlich schwieriger mein Verhalten zu taxieren und mich zu suchen.

Einmal habe ich Herrchen auch schon umgerissen; als er auf dem Pflaster lag, haute ich ab. Er kam aber nicht gleich auf die Beine und so kehrte ich um und setzte mich neben ihn, obwohl er mächtig mit mir schimpfte. Eine Zeitlang lief der Boss dann etwas unrund, aber nach ein paar Tagen hinkte er nicht mehr und der Fall war für mich erledigt.

Blitz und Donner! Donnerwetter! Wenn Herrchen fotografiert, blitzt es auch manchmal, aber das ist nicht schlimm. Schlimm ist es, wenn es blitzt und Herrchen fotografiert nicht; danach kracht es bald gewaltig und ich muss zusehen, wie ich wenigstens eines von meinen Stoffkindern retten kann und mich irgendwo verstecke.

Gefährlich ist es auch, wenn so große Bälle in der Luft schweben. Meine Erfahrung zeigt mir, dass man diese Ungeheuer nicht vertreiben kann, und deshalb ergreife ich vor lauter Klugheit immer die Flucht. Am Bodensee sind diese Bälle länglich, aber ebenso gefährlich. Herrchen ist dann immer so begeistert und ruft: „Guck mal, Cora, ein Zeppelin!"

Vor Flugzeugen habe ich keine Angst, mit denen werde ich schon fertig werden, wenn sie mir zu nahe kommen sollten, glaube ich jedenfalls. Bis jetzt halten sie auch respektvollen Abstand zu mir, aber man weiß ja nie, woran man ist.

Hubschrauber sind viel gefährlicher, die machen so einen schrecklichen Lärm und kommen auch ganz nah heran. Ich verstecke mich dann ganz schnell; vielleicht suchen sie mich, weil ich nicht immer brav bin und manchmal ausreiße?

Die zischenden, feurigen Bälle in der Luft mag ich gar nicht. Da verschwinde ich lieber nach Hause.

... ob der mich sucht, weil ich vorhin mal kurz ausgerissen bin?
Ich ziehe lieber den Kopf ein und verstecke mich ...

Ab und zu muss mein sogenanntes Herrchen zu einer Untersuchung in die Klinik. Dann fahren wir alle gemeinsam in ein beschauliches Städtchen und quartieren uns in der Nähe der Klinik im Hotel ein. Gleich hinter dem Hotel liegt ein sehr schöner Kurpark auf dem Weg zur Altstadt. Anfangs habe ich es auch nicht gemerkt, dass hier unglaubliche Gefahren lauern. Auf dem Weg zur Altstadt, gleich neben dem Kurpark, muss eine eingleisige Bahnstrecke überquert werden, die durch eine alte, klapprige Schranke gesichert ist. Fürchterlich erschrocken habe ich mich, als die Schranke plötzlich mit lautem Getöse ganz von selbst herunterging – ob die mich erschlagen wollte? Es schepperte und klirrte nur so, da bin ich in Panik geraten. Es ging gerade noch mal gut aus. Da ich aber für meine Zweibeiner verantwortlich bin und nicht weiß, wie ich die Ahnungslosen vor dem Schepper-Monster künftig retten kann, habe ich ihnen verboten, den Kurpark nochmals zu betreten. Aber sie probieren es aufs Neue aus, so unvernünftig sind Zweibeiner.

Sobald sie versuchen, den Kurpark wieder zu durchqueren, baue ich einen Aufstand. Ein Kind im Trotzalter ist gar nichts dagegen. Ich ziehe und zerre meine Leinenführer aus der Gefahrenzone oder setze mich hin und verweigere jede Fortbewegung, wenn die falsche Richtung eingeschlagen wird. Die Kurgäste, die das Spektakel, teilweise belustigt, teilweise aufgebracht, mit ansehen müssen, sind voll auf meiner Seite und manche schimpfen mit meinen Zweibeinern, wie sie mit mir umgehen, und man solle doch die Polizei rufen. Nun trauen sich meine Rudelführer nicht mehr, mit mir durch den Park zu gehen. Wir nehmen jetzt auf dem Weg in die Altstadt immer das Auto; das ist zwar nicht so umweltfreundlich, aber wenigstens nicht lebensbedrohlich. Wer weiß, was das Schepper-Monster noch so alles auf Lager hat?

Die Zweibeiner lassen sich in zwei Kategorien einteilen. Diejenigen, die uns Vierbeiner mögen, und dann die anderen, die meiner Meinung nach überflüssig sind.

Diese Sorte regt sich schon über unsere bloße Existenz auf; sollten wir gar mal unsere Entsorgungsgeschäfte erledigen, flippen die sogar aus.

Dabei habe ich auch schon Zweibeiner beobachtet, wie sie ihre Geschäfte in der freien Natur erledigen.

Äußerst tolerant sind die Zweibeiner bei ihrem eigenen Dreck, den sie in der Natur hinterlassen: zerschlagene Bier- und Schnapsflaschen, leere Dosen, Zigarettenkippen, Batterien, Kondome, Silberpapier, Plastikbecher, Benzin- und Ölflecke von ihren Autos u. v. m.

In einem Bachbett habe ich mir an einer Scherbe auch schon eine Schnittverletzung zugezogen; diese Scherbe hat sicher kein Hund ins Wasser geworfen.

Dann wird so getan, als ob der Bio-Abfall von uns Vierbeinern die größte Umweltverschmutzung wäre! Zweibeiner weisen gern die Schuld anderen zu, am besten denen, die sich nicht wehren können.

Rummelplätze bergen auch ein hohes Gefahrenpotenzial in sich. Zum Glück konnte ich meinen Zweibeiner dazu bringen, Rummelplätze nur noch zu besuchen, wenn sie außer Betrieb sind. Diese ständigen Angriffe auf unser Hörorgan, die schrillen, lauten Töne, Lichtblitze und Menschenmassen, die sich mitunter komisch benehmen, davor kann ich meine Untertanen nicht schützen, also sind diese Orte ab sofort „pfui – weg da"!

Rummelplätze sind für unsereins meist nur ohne Publikum erträglich!

Kopfschüttelnd nehme ich zur Kenntnis, dass die Zweibeiner keine Ahnung haben, welche Gefahren im täglichen Leben lauern. Die Bedrohungen aus der Luft ignorieren sie komplett. Auch mit den Bedrohungen durch Mitmenschen können sie einfach nicht umgehen; bei unerklärlichen Gegenständen und Ereignissen glauben sie einfach, damit fertig zu werden. Zum Glück gibt es ja mich und ich passe auf mein Rudel auf.

Meine Liebhaber und meine Freundinnen

Momo war der Erste. Ein mächtiger Schäferhund mit beeindruckendem Gebell. Zuerst hatte ich auch Angst vor ihm, aber bald merkte ich, dass er mich liebte, nun ja, soweit er eben konnte mit seiner gestutzten Männlichkeit.

Der Altersunterschied von fast 50 Menschenjahren war mir egal. Junges Mädchen und älterer Herr, so was soll ja bei den Zweibeinern auch eine beliebte Variante sein, besonders von den Menschen-Rüden.

Mit Momo fühlte ich mich sicher und beschützt; eifersüchtig wurde er, wenn mich andere Rüden beschnuffelten. Da hab ich manchmal anschließend meine Abreibung bekommen.

Toll fand ich, wenn ich Momo in seinem Garten besuchte, dass ich dann sein Ein und Alles war. Da kannte er auch keine Freunde mehr; Zweibeiner, die ihm sonst gute Sachen brachten und ihn streichelten, kannte er plötzlich nicht mehr und bellte sie an – das hat mir gefallen, ein wahrer Kavalier!

Ja, Momo hatte auch seine Schwächen. Wenn ihn der Rest seiner abhandengekommenen Männlichkeit mal überfiel, dann stellte er sich neben mich und tat so, als ob alles echt wäre … so sind halt Rüden.

Warum man Rüde sagt, weiß ich durch ihn. Mit mir zartem Geschöpf ging er manchmal recht rüde um, deshalb also Rüde – oder irre ich mich?

Momo ließ sich gut provozieren, sogar noch besser als Herrchen!

Auf den Rücken legen, schnuffeln lassen und, wenn er dann ganz aufgeregt wird, einfach wegrennen. Der ältere Herr rennt immer hinter mir her, bis ihm die Puste ausgeht, dann lege ich mich wieder auf den Rücken …

Zweibeiner sagen manchmal, ich wäre ein kleines Luder, aber Herrchen sagt, ich wäre seine Prinzessin; da glaube ich lieber, was Herrchen sagt.

Leider gibt es meinen Momo nicht mehr. Ich hoffe aber, ihm seine letzten Jahre etwas verschönert zu haben.

Sein Nachfolger ist Swipp, eine Labrador-Husky-Mischung. Das ist vielleicht ein Kerl, eine wahre Herausforderung für mich! In vielen Zweikämpfen musste ich ihn erst mal domestizieren.

> Weißt du jetzt, wer der Chef ist …?

Swipp ist pfiffig, intelligent, kreativ, belesen, kulturell begabt und unglaublich schnell. Die Zweibeiner haben das nicht begriffen und ihn immer wieder ins Tierheim zurückgebracht, weil er angeblich nur Blödsinn macht. Na ja, vielleicht einmal am Tag, zweimal oder dreimal oder … wie er halt gerade drauf ist.

Wir Hunde nutzen alle Informationsquellen

Swipp und Herrchen mögen sich auch ganz arg; eifersüchtig bin ich deswegen nicht, denn Herrchen tanzt immer noch nach meiner Pfeife, das probiere ich immer wieder mal aus.

Swipp kann sich noch gut an seine Zeit im Waisenhaus für rudellose Hunde erinnern, aber mit sehr gemischten Gefühlen. Es kamen zwar immer wieder Zweibeiner, die den niedlichen kleinen Kerl ausprobieren wollten. Swipp war der Meinung, er müsse sofort zeigen, was er alles draufhat, und so spulte er sein ganzes Repertoire und Können ab. Leider führte das bei den Zweibeinern zu blankem Entsetzen und er wurde postwendend wieder ins Waisenhaus geschafft. Das Ganze spielte sich mehrmals ab.

Dann kamen zwei blonde Frauen, Mutter und Tochter, wie sich später herausstellte, und bekundeten ihr Interesse. Besonders die Tochter fand ihn so putzig.

Swipp stellte seine Taktik um und zeigte beim ersten gemeinsamen Ausflug mit den beiden nur ein Bruchteil seines Könnens. Er ist nur mal kurz ausgerissen, hat dann die Tochter zum Stolpern gebracht, und als sie im Schnee lag, ist er mit ihrer Pudelmütze auf und davon. Nach zwei Wochen wurde er wider seine Erwartung von beiden geholt und durfte bleiben. Empfangen wurde er in seinem neuen Zuhause auch von Herrchen und von mir.

Wenn ich behaupte, Swipp sei belesen, dann stimmt das auch. Seine Rudelführer sind Buchhändler und haben deswegen viel Arbeitsmaterial daheim in den Regalen.

Swipp fällt auf, dass die vielen Bücher falsch einsortiert sind. Solange das Führungsrudel anwesend ist, lässt er sich nichts anmerken, um Frauchen und Herrchen nicht bloßzustellen.

Wenn er aber allein ist, fängt er an, die Bücher anders zu sortieren. Dabei fällt ihm manches interessante Buch auf und er beginnt zu lesen. Nur mit dem Umblättern hapert es, und da er der Meinung ist, gelesene Seiten braucht man nicht mehr …

Irgendwie sind seine Rudelführer da konträrer Meinung mit ihm. Da spricht man immer davon, Bildung sei ganz wichtig im Leben, und dann schimpft man mit Swipp, wenn er sich bilden will. Oder sind die Bücher, die ihn am meisten interessieren, nicht jugendfrei? Swipp ist erst drei Jahre alt!

Es ist immer gut, wenn man das Leben mal aus einer anderen Perspektive betrachtet. Ein Loch im Zaun gibt dazu die Möglichkeit.

So konnte Swipp seine arbeitenden Rudelführer mal von der anderen Seite des Zaunes betrachten, wie sie eifrig im Garten ackerten, bis sie entsetzt merkten, dass ihr Liebling von der Straße aus ihrem Treiben zusah.

Besonders interessant ist der Weihnachtsmarkt, wenn man ihn unbegleitet und ohne Leine besucht. Swipp wollte sich am weihnachtlichen Angebot orientieren, fand aber keinerlei Verständnis bei den Budenbesitzern, die um ihr umfangreiches Warenangebot fürchteten.

Swipp hatte aber einen wichtigen Grund für seine Besuche auf dem Weihnachtsmarkt. Sein Reserve-Frauchen, also die Tochter vom richtigen Frauchen, war nämlich als Christkind dort beschäftigt und da wollte Swipp überprüfen, ob die Choreografie bei ihren Einsätzen auch stimmte oder ob er eingreifen musste. Warum man immer Mädels als Christkind nimmt, weiß ich nicht, eigentlich müsste es doch ein Zweibeiner-Rüde sein? Aber Herrchen taugt dafür nicht, finde ich jedenfalls.

Das Loch im Zaun wurde nun gesucht und geschlossen und damit behinderten die Rudelführer auch die kreativen Bildungsmaßnahmen ihres Lieblings.

Swipp ist auch ein Gartenarchitekt, der immer eingreift, wenn Frauchen die falschen Pflanzen an den falschen Ort pflanzen will, aber Zweibeiner kapieren so etwas nicht.

Zu Wäsche hat Swipp eine ganz besondere Beziehung. Wenn Frauchen Wäsche aufhängt, dann springt der Vierbeiner hoch und holt sie wieder runter. Na ja, Rüden sind im Haushalt ja nicht so begabt und unterschätzen die Dauer der Trocknungsphase.

Ich bewundere Swipp, denn er ist ein Künstler. Sein Meisterwerk war eine Vernissage von ausgestellter Damenunterwäsche. Er klaute sie aus dem Waschkorb, schaffte sie schnell in den Garten und verteilte sie auf der Wiese.

Dann legte sich der Künstler zwischen seine Kunstwerke und wartete auf den Applaus des vorbeiziehenden Publikums.

Stattdessen sammelte Frauchen errötend die Kunstwerke wieder ein in der Hoffnung, niemand aus dem amüsierten Publikum würde Rückschlüsse auf ihre modischen Vorlieben schließen; die Kunstgegenstände stammten nämlich aus dem Besitz ihrer betagten Mutter. Auch das Abendkleid der Tochter wurde von dem Kreativen einem breiteren Publikum präsentiert.

Swipp bekommt seine Inspirationen immer, wenn er allein im Haus ist und über alles in Ruhe nachdenken kann. So ist Swipp.

Er weiß aber nichts von meinem zweiten Lover am Bodensee und das ist auch gut so. Swipp ist drei Jahre jünger als ich und Nico, der Chef vom Bodensee, das glaubt er zumindest, ist drei Jahre älter als ich. Es ist ganz amüsant für Frau, zwei unterschiedliche Lover zu haben. Dann gibt es noch die vielen amourösen Tagesbekanntschaften, aber damit gibt Frau ja nicht an, das machen nur die Rüden.

Nico kann wieder ganz andere Sachen als Swipp. Nico kann lachen wie ein Zweibeiner und zeigt dabei seine Zähne. Immer wenn ich komme, ist er ganz aufgeregt und dann muss er niesen. Lachen, niesen und pinkeln – da kommt er immer ganz durcheinander.

Nico hilft immer bei der Apfelernte am Bodensee; böse Zungen sagen zwar, er würde Äpfel klauen, weil er sich immer vorsorglich umschaut, ob ihn jemand beobachtet.

Ich bin ja ein Spezialist im .... sagen wir mal ...... Äpfel entfernen!

So schöne Äpfel, ich hole mir welche...

Das liegt aber daran, dass er nicht weiß, ob seine Arbeitserlaubnis von den Behörden anerkannt wird. Er will nicht in seine Heimat abgeschoben werden. Als Magyar Viszla, ein ungarischer Jagdhund, fürchtet er, zurück nach Ungarn zu müssen. Eine Dänische Dogge käme wohl nach Dänemark zurück und ein Australian Shepherd nach Australien. Rottweiler werden wohl in die Stadt Rottweil abgeschoben, aber was ist mit Dackeln und Pinschern? Die kann man ja gar nicht abschieben. Aus diesem Grund hält sich Nico für einen Apfel-Erntehelfer ohne gültige Arbeitserlaubnis.

Bevor Nico mich kannte, traute er sich auch nicht ins Bett zu seinem Frauchen. „Mein Hund macht so etwas nicht, der ist anständig erzogen", behauptete sein Frauchen immer. Aber gereizt hätte ihn das schon, da habe ich ihm beigebracht, wie man das macht. Ich bin hinein ins Bett und er nach. Als sein Frauchen kam, habe ich ihm geraten, er solle auf stur schalten und bloß nicht nachgeben, egal, was Frauchen sagt, solle er immer antworten: „Ich nix hören!"

Toller Tipp von Cora! Im Bett ist es ja so bequem ....

Hat auch geklappt, Frauchen war geschockt und ratlos, Nico reagierte einfach auf ihre Befehle nicht. Nachdem er seinen Triumph ausgekostet hatte, verließ er gnädigerweise das Bett und trottete in sein Körbchen. Ob und welche Strafmaßnahmen er schlucken musste, weiß ich nicht.

„Du kriegst gleich ein paar hinter die Ohren", dies hört Nico fast täglich, aber man hat ihm die versprochenen Dinge nie ausgehändigt. So fragte er mich, ob ich wüsste, was das sei? Wenn es etwas Fressbares wäre, vielleicht wie ein Paar Wiener Würstchen, würde er sofort und immer wieder „ein paar hinter die Ohren" haben wollen.

Nico ist sehr wissbegierig. Wenn jemand etwas in der Hand hält, läuft er hin und schaut fragend: „Was hast du da? Kann ich das auch haben?"

So schön wie Nico kann kein anderer Rüde singen, auf unseren gemeinsamen Gassigängen singen wir beide immer fröhliche Lieder.

> Unterwegs singen wir immer fröhliche Lieder

Nico muss meist an der Leine laufen; wahrscheinlich hat er in seinem Leben schon viel Blödsinn gemacht oder hat Bewährungsauflagen. Wenn er bei einer Resozialisierungsmaßnahme Freigang hat, und er trifft auf Zweibeiner, läuft er sofort hin und stellt sich artig vor: „Ich bin Nico, der Chef vom Bodensee!"

Oft reagieren die Zweibeiner nicht, dann wiederholt Nico seine Ansage noch lauter, obwohl er eine kräftige Stimme hat. Erfolgt wieder keine Reaktion, dann überlegt er sich die Gründe dafür; offensichtlich hören Zweibeiner schlecht, haben also eine Art Hörbehinderung und Nico wird noch lauter. Er erwartet, dass die Zweibeiner wenigstens etwas mit dem Schwanz wedeln, wenn er schon so freundlich zu ihnen ist.

Küssen ist Nicos Leidenschaft. Unaufhörlich stellt er mir nach und küsst mich zu allen passenden und unpassenden Gelegenheiten. Wenn er sich Besuch in sein weitläufiges Gelände einlädt, zeigt er den Gästen erst mal, wer Chef ist und dass seine Auserwählte unantastbar ist. Unter uns: Nico ist auch einer von jenen, bei denen die Mediziner rumgeschnippelt haben. Er gibt es aber nicht zu!

Nico hat keine Angst, nur vor mir, glaube ich. Ich kann ihm wegnehmen, was ich will, dann läuft er schimpfend hinter mir her, aber holt sich sein Spielzeug nicht zurück.

> Nico passt immer auf mich auf ....

Sonst ist Nico total mutig. Er hat keine Probleme mit Tierärzten. Manchmal ist er ein kleiner Hampelmann, hampelt also zur Behandlung in den von mir so gehassten Raum, lacht den Tierarzt an, überprüft die Ausstattung des Raumes, ob da eventuell neues Gefahrenpotenzial angeschafft wurde, lässt sich behandeln und hampelt wieder hinaus, lacht noch mal zurück, als wollte er sagen: „Ätsch, ätsch, ausgeschmiert, hat gar nicht wehgetan ..."

Wenn es draußen kracht und blitzt, fürchtet er sich auch nicht. Er will immer wissen, was los ist, und dabei sein, wenn es Action gibt.

Nico hat auch schon ein Reh, das sich unerlaubterweise in seinen Sperrbezirk verirrt hatte, aufgespürt und es bis zum Ausgang begleitet und mündlich verwarnt – ich stand die ganze Zeit über Schmiere! Falls uns zu dem Vorfall jemand befragen sollte, haben wir folgende Erklärung vereinbart:

Erstens: Wir waren das nicht! Zweitens: Wir machen das auch nie wieder!

Am Bodensee liegt eine große Wallfahrtskirche mit einer tollen Aussicht. Herrchen fährt da oft hin und fotografiert. In die Kirche dürfen wir nicht hinein, da haben wir uns ein prima Spiel ausgedacht. Alle Zweibeiner, die nicht gottesfürchtig genug aussahen, hat Nico mit seiner kräftigen Stimme angebellt und ihnen die nötige Furcht eingeflößt. Ich habe die Leute ausgesucht und Nico hat gebellt. Das wurde uns aber von unserem eigenen Rudel schnell verboten. Schade.

> Da kommen wieder welche, die nicht gottesfürchtig aussehen....

> Wo, Cora? Denen werd ich es gleich zeigen ....

> Zum letzten Mal.... Kirchenbesucher werden nicht angebellt!

Wenn ich bei den Spaziergängen mal ausbüchse, also einen unangemeldeten Kurztrip ins Blaue unternehme, höre ich nach meiner Rückkehr immer: „Dir sollte man mal den Hintern versohlen." Ich weiß auch nicht, was Herrchen damit meint. Gemacht hat er so was noch nie. Ich beruhige ihn immer wieder ganz schnell, indem ich ihn treuherzig anschaue. Meist hat Herrchen dann Hemmungen irgendwelche erziehungspädagogischen Maßnahmen gegen mich zu ergreifen, es hätte sowieso keinen Zweck.

Käme er auf die Idee, Stubenarrest oder dergleichen gegen mich zu verhängen, dann … dann … dann gäbe es etwas auf den Teppich! Wäre für mich zwar auch etwas stressig, aber die Lektion wäre es mir wert.

Nico bekommt auf seinem großen Grundstück immer viel Besuch von Artgenossen und Zweibeinern. Dann erweist er sich als vollendeter Kavalier, denn er teilt jedem Rüden mit, dass ich unantastbar bin. Nico kann zwar nicht mehr, aber er tut so, als ob er mein Chef-Liebhaber wäre und keine Konkurrenz dulde.

Wir haben Familienzuwachs bekommen, also zu unserem Rudel gesellte sich ein Welpe, nämlich ein Großer Schweizer Sennenhund.

Am liebsten würde ich die Tüte wegnehmen und damit wegrennen.

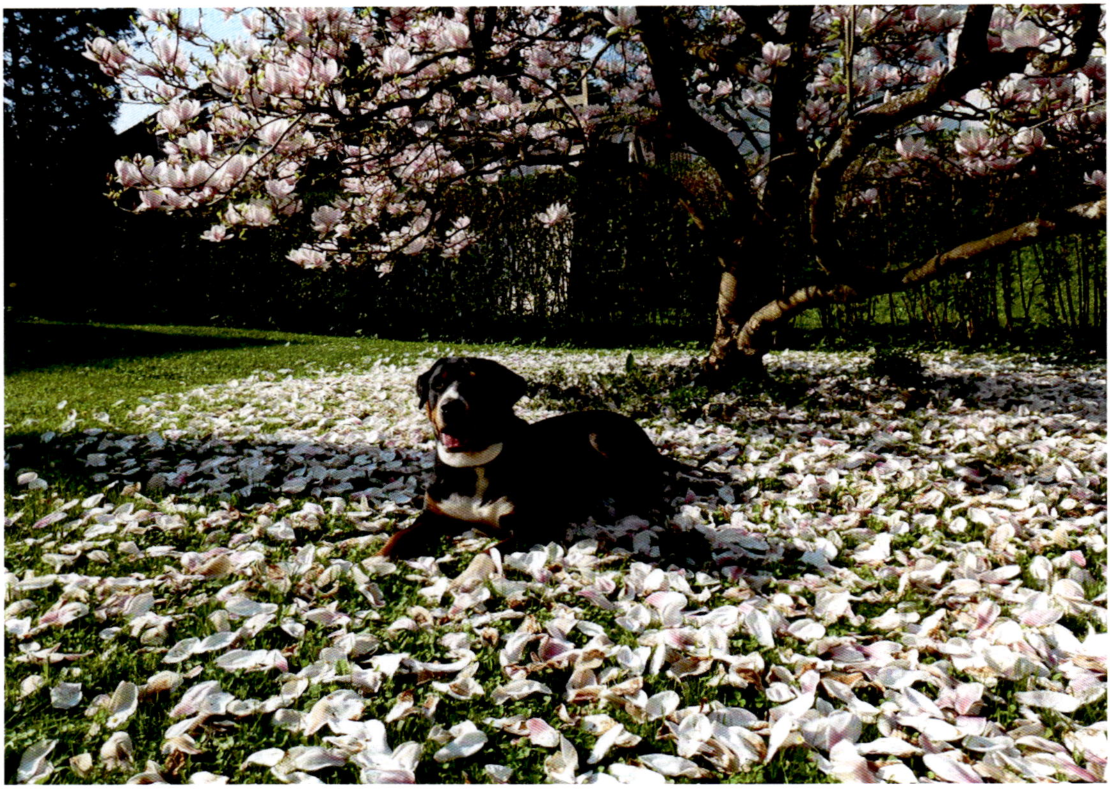

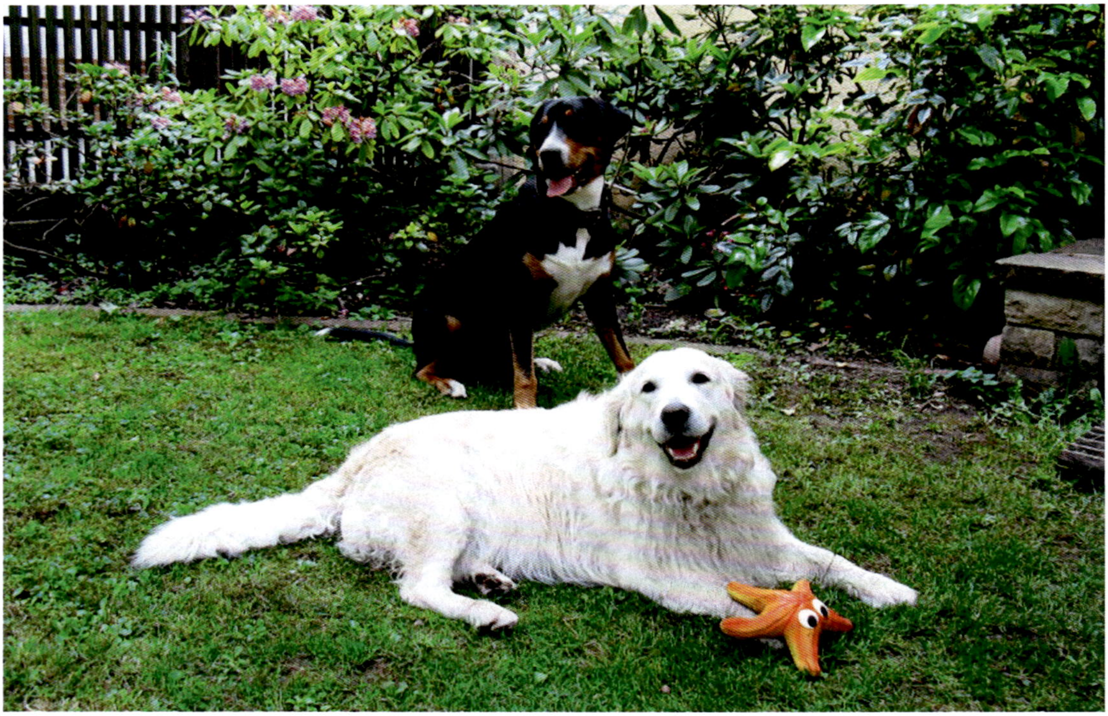

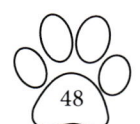

Er gehört ab sofort zur Verwandtschaft. Die Kleine, vom Alter her gesehen, ist tatsächlich schon viel größer als ich, aber tollpatschig und ganz lieb.

Sie umkreist mich immer in Bocksprüngen und will über mich springen, bis es mir zu bunt wird. Die Zweibeiner haben jetzt schon Respekt, wenn das riesige Temperamentbündel angerast kommt. Mal sehen, wie groß Ally tatsächlich wird.

Hier im Haus wohnt noch die kleine Hilly, ein flinker Wuschel, die gern auf den Hinterpfoten tanzt, obwohl ihr das niemand beigebracht hat. Hilly hat ein Geheimnis; wenn sie etwas Gutes bekommt, trägt sie es in ihre Schatzkammer hinter einer Hecke, aber nur dann, wenn sie sich unbeobachtet fühlt.

Ich kenne natürlich ihr Geheimnis und gehe manchmal hin und klaue etwas. Wenn mich Herrchen erwischt, muss ich die Beute wieder abliefern.

Von meinen weiteren Freundinnen erzähle ich an anderer Stelle. Da gibt es die kleine Freya, die Nachfolgerin der jung verstorbenen Ayka, und Mara, ein Collie-Mix. Mit beiden pflege ich auch intensive private Kontakte und es macht Spaß, wenn Mädels einfach mal unter sich sind. Wir führen dann Frauengespräche.

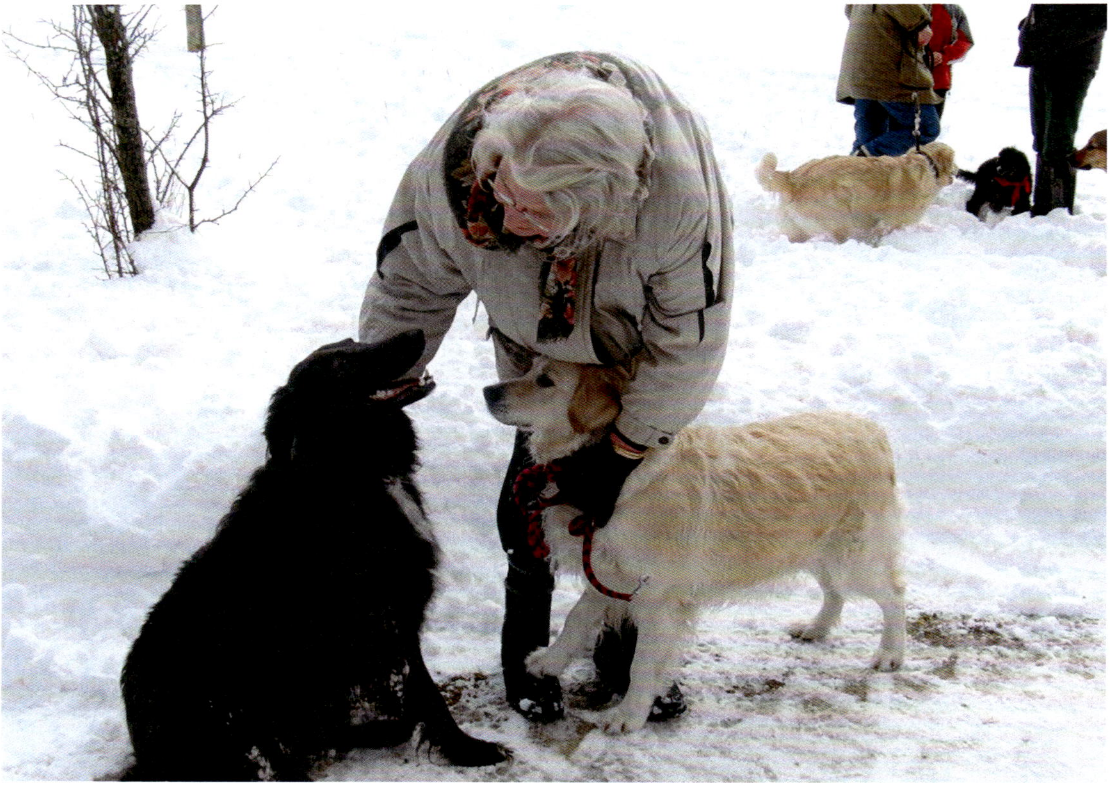

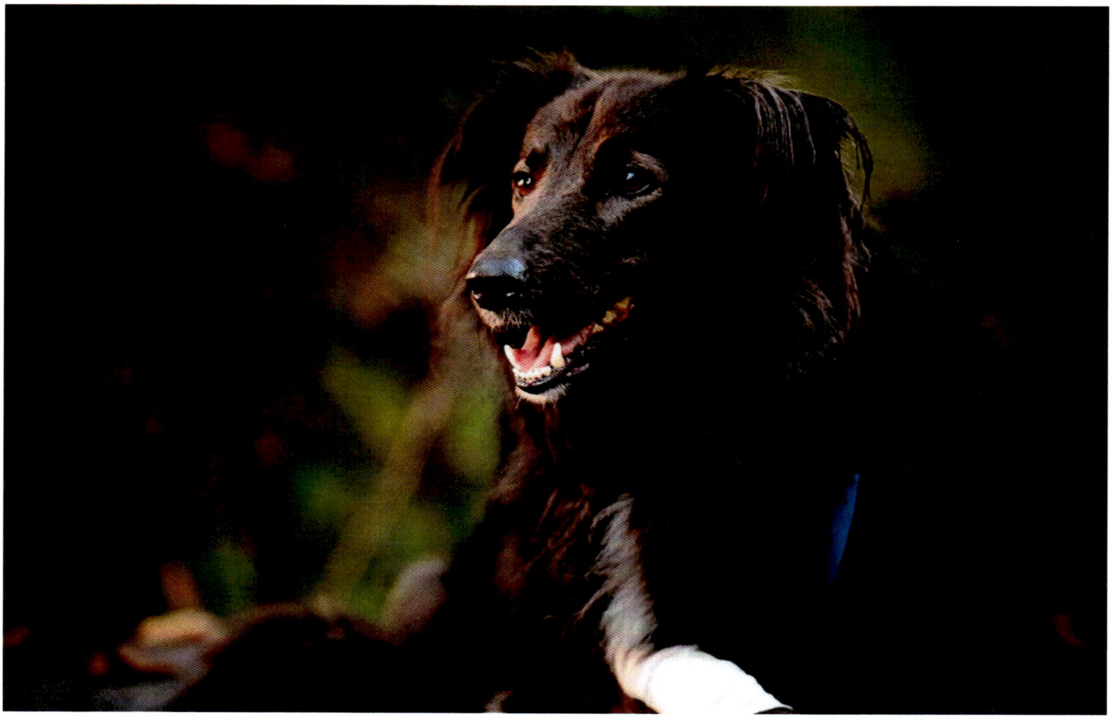

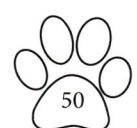

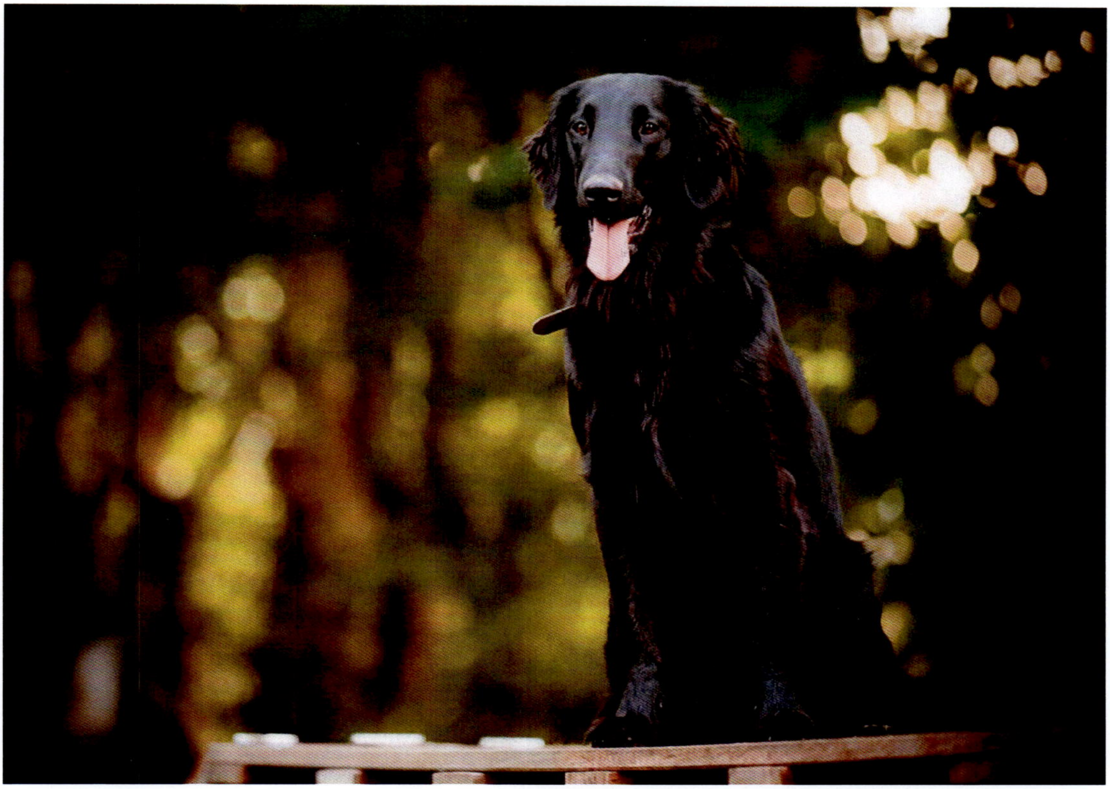

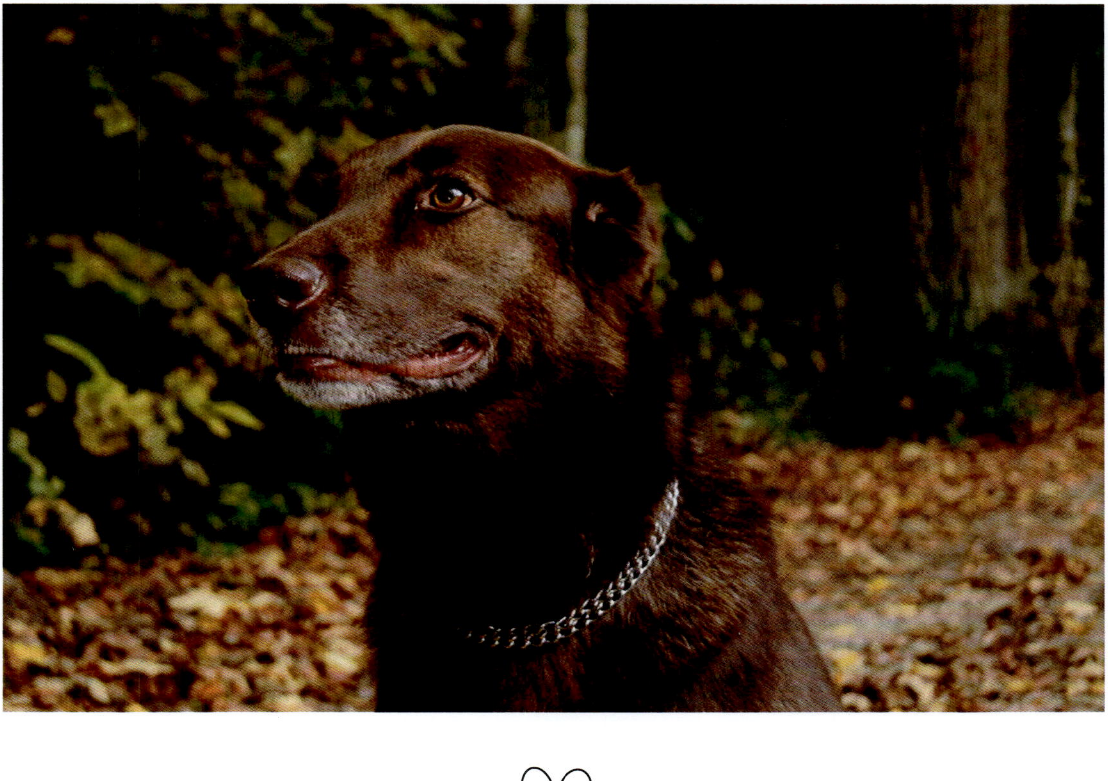

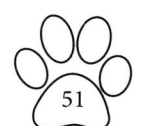

Hilly vergräbt alles in ihrer Schatzkammer

Das Vergrabene riecht im Laufe der Zeit immer besser, für unsere Nasen zumindest. Zweibeiner duften mehr nach Seife als nach Bio-Tonne, was ich schade finde. Aber manchmal tut mir Herrchen, wohl unbewusst, den Gefallen und müffelt etwas ... meist nach körperlicher Anstrengung. Meinetwegen muss er sich nicht so oft waschen.

53

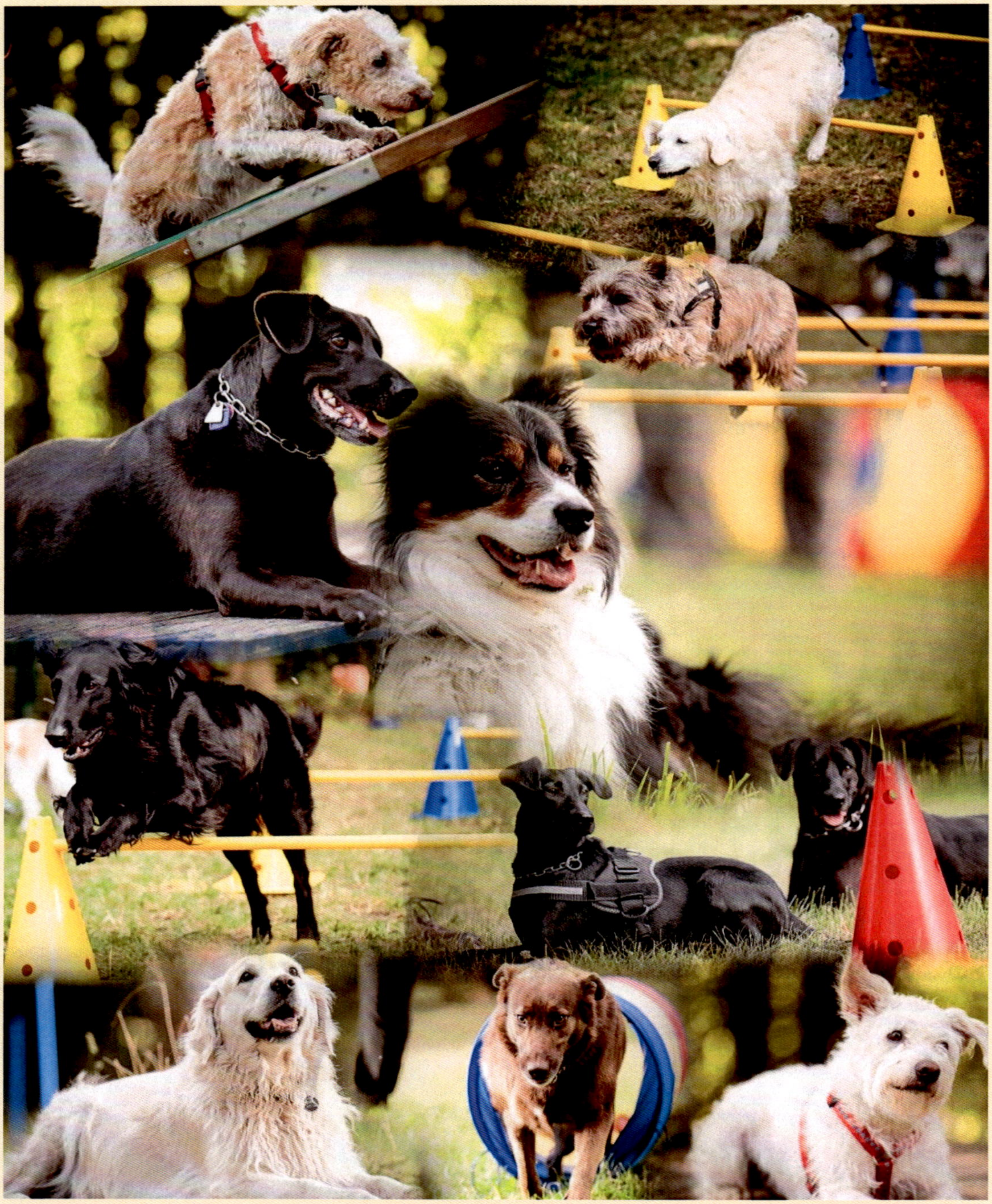

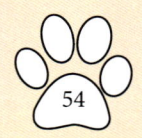

Hundeschule

Schule ist etwas Schönes. Meistens zumindest. Als Welpe fürchtet man sich anfangs vor den vielen großen anderen Hunden. Erinnerungen an meine Zeit im Laufstall bei der Züchterin wurden wach, da hatte ich ja nicht viel zu melden.

Für uns Kleine war sogar ein eigener geschützter Bereich vorhanden und der Ausflug zu den Großen fand immer dann statt, wenn sie brav „Platz" machten. Wir liefen dazwischen rum und schnuffelten. Im Vorbeigehen konnte man ihnen auch mal eine runterhauen.

Negative Erfahrungen habe ich leider auch machen müssen. Eine Horde Zwergschnauzer rannte mich mal ungestüm über den Haufen; danach wollte ich nicht mehr zur Schule, aber ich musste wieder hin!

Von nun an prüfte ich immer erst die Anwesenheitsliste und entschied mich dann, wie temperamentvoll ich den Platz betreten würde und ob ich meinen zweibeinigen Bodyguard in Anspruch nehmen sollte.

Als ich dann in die Gruppe der Großen aufgestiegen war, passierte das Malheur. In der Spielphase dürfen wir ziel- und sinnlos rumrennen und uns beschäftigen, wie wir wollen. Im Übereifer raste ich mal auf die mir bisher unbekannte Wippe zu und wollte darüber hinwegsausen. Das hätte ich nicht tun sollen …

Das Gerät hat sich durch einen Vollausschlag gewehrt und ich flog, verdutzt und geschockt, durch die Luft. Einmal und nie wieder! Zwischenzeitlich versuchte man zwar immer wieder, zu zweit und sogar zu dritt, mich über das Ungeheuer hinwegzulotsen. Erfolglos!

Eine Trainerin wollte mich unbedingt als Therapiehund ausbilden lassen, ich wäre dafür angeblich prädestiniert. Herrchen und das übrige Rudel überlegten lange und Herrchen war nicht abgeneigt; schließlich setzte ein Sinneswandel ein, ich sollte einfach nur Hund sein! War mir auch recht.

Schön an der Hundeschule sind die vielen Kumpel, mit denen man sich austauschen kann, und man erfährt viel Neues. Oft klagen meine Kumpel, dass ihr Rudelführer nicht richtig pariert; da konnte ich auch nicht helfen, ich habe das Problem nicht.

Irgendwann war Herrchen von dem Gedanken besessen, meine Lernfortschritte in der Hundeschule entsprächen nicht seinen Erwartungen, und meldete mich zu einer Privatstunde bei einem „scharfen" Hundetrainer an. Es war ein Fiasko!

Zunächst wurde Herrchen belehrt, dass ein Hund ein Hund sei und kein Mensch, sondern ein Befehlsempfänger. Ein Hund liebt auch nicht seinen Rudelführer, dies würden die Zweibeiner völlig falsch verstehen; der Hund sieht in den Zweibeinern nur Futterbeschaffer und das wäre zum Überleben recht praktisch.

Ich konnte mir den Käse nicht mehr anhören und bin durch den Raum gewandert; war ganz interessant, hier treffen sich wohl öfter Vierbeiner, so roch es jedenfalls.

Habe schon überlegt, ob ich auch eine Duftmarke hinterlassen soll. Plötzlich flog mit lautem Getöse eine klappernde Blechdose knapp an meinem Ohr vorbei, knallte gegen die Tür und fiel scheppernd zu Boden. Fluchtartig stürzte ich zu Herrchen und verkroch mich hinter ihm.

Ich habe nicht verstanden, warum Herrchen dem keine geknallt oder ihn gebissen hat, der hatte es nämlich verdient. Herrchen stand wohl auch unter Schock und machte sich Sorgen ob meiner psychischen Verfassung nach diesem traumatischen Erlebnis.

Dann ging es ins Gelände zur praktischen Vorführung. Ich wollte aber gar nicht. Nur um weiteren Stress mit dem Scharfen zu vermeiden, erfüllte ich in vorauseilendem Gehorsam dessen Anweisungen. Herrchen staunte, weil ich all das umgehend erfüllte, was man von mir verlangte. Dann sollte Herrchen mit mir auf den Paradeplatz. Solange der Büchsenwerfer zuguckte, habe ich auch bei meinem Pseudo-Boss pariert. Herrchen war schwer beeindruckt und kaufte sich so eine Schepperdose; da sieht man wieder, dass Zweibeiner nicht richtig denken können.

Wie verhalte ich mich künftig Herrchen gegenüber, damit er keinen Blödsinn mit mir macht und etwa eine weitere Stunde bei dem Scharfen bucht?

Zunächst folgte ich brav seinen Anweisungen, damit er wieder mal ein Erfolgserlebnis hat. Langsam weichte ich aber meinen Gehorsam auf; ganz langsam und unmerklich nahm ich wieder die Leine in die Pfote und führte Herrchen aus. Aber man muss vorsichtig und gerissen sein, wie es halt nur Frauen können, bis einem der Boss wieder aus der Hand frisst.

Keinesfalls sollte er mich nochmals zu dem Strengen bringen!

In der gemäßigten Hundeschule stand eine Hundeprüfung an und mein Pseudo-Boss meldete mich ohne Rücksprache mit mir dazu an. Nun wurde intensiver trainiert und die Übungen, die ich als sinnvoll erachtete, habe ich perfekt durchgezogen. Sinnlose Übungen dagegen abgelehnt. Gescheitert wäre die Prüfung an der völlig realitätsfernen Aufgabe, minutenlang still zu liegen, wenn Herrchen etliche Meter weiter weg steht und mir den Rücken zudrehen muss. Ich bin bei dieser Übung regelmäßig aufgestanden und habe mich neben meinen Rudelführer gelegt, was automatisch das Nichtbestehen bedeutet hätte. Deshalb hat mich Herrchen, diesmal mit meinem Einverständnis, wieder abgemeldet.

Heute gehe ich immer noch zur Schule, nicht weil ich bildungsresistent bin, sondern für mich ist es eine Nachrichtenbörse und gut für meine sozialen Bedürfnisse.

Spannend ist es immer anfangs, wer kommt heute, was ist los? Da tobe ich rum wie zu meiner wilden Jugendzeit, jeder wird begrüßt und mit Informationen versorgt.

Der Platzhirsch ist der kräftige Anton; er ist unglaublich verfressen und stürzt sich besonders gern auf Kuchen. Otto, der so schön jault und singt, mit seinen treuherzigen Augen, hat es immer auf Herrchens Tasche mit den Leckerlies abgesehen. Herbie, Hund im Taschenformat, hält sich aber für den größten und stärksten Hund der Welt. Dazu viele neue Gesichter. Wenn Swipp kommt, der Nachwuchskönig, erzählt er jedem, dass er künftig der Chef sein wird. Da es nicht alle sofort glauben wollen, gibt es diverse Rückfragen und Auseinandersetzungen; mit den Damen kommt der fesche Swipp prächtig zurecht.

Ach ja, der kleine Max, der mich unaufhörlich zu einem erotischen Abenteuer überreden will und einfach nicht lockerlässt. Etwas Entlastung habe ich, seitdem er merkt, dass auch andere attraktive Damen unterwegs sind.

Vor allem freue ich mich auf meine Freundinnen, mit denen ich auch privaten Kontakt pflege. Mara ist die Tante in der Hundeschule, sie geht dazwischen, wenn der Nachwuchs in Streit gerät oder Erziehungsdefizite auftreten.

Für Freya bin ich so etwas wie eine Ersatz-Mama, denn sie kennt mich, seit sie bei ihrem Rudel ist. Wir sind öfter zusammen und vertragen uns bestens.

Schön an der Hundeschule sind auch die Geräte zum Spielen, Brücke, Tunnel, Slalom, Podest und was so alles aufgebaut wird; natürlich meide ich die Wippe.

Spaziergänge und Ausflüge bringen Abwechslung und Unterhaltung.

Die Gehorsamsübungen kenne ich doch alle und die vielen Varianten davon auch. Ich ziehe immer die Variante durch, die mir zu diesem Thema einfällt, unabhängig davon, ob sie gerade gefragt ist oder nicht. Herrchen ist sehr tolerant geworden und mit fast allem einverstanden, was ich gerade mache.

Ich bin der fesche Otto und den Damen sehr zugetan... Cora gehört zu meinen Favoritinnen

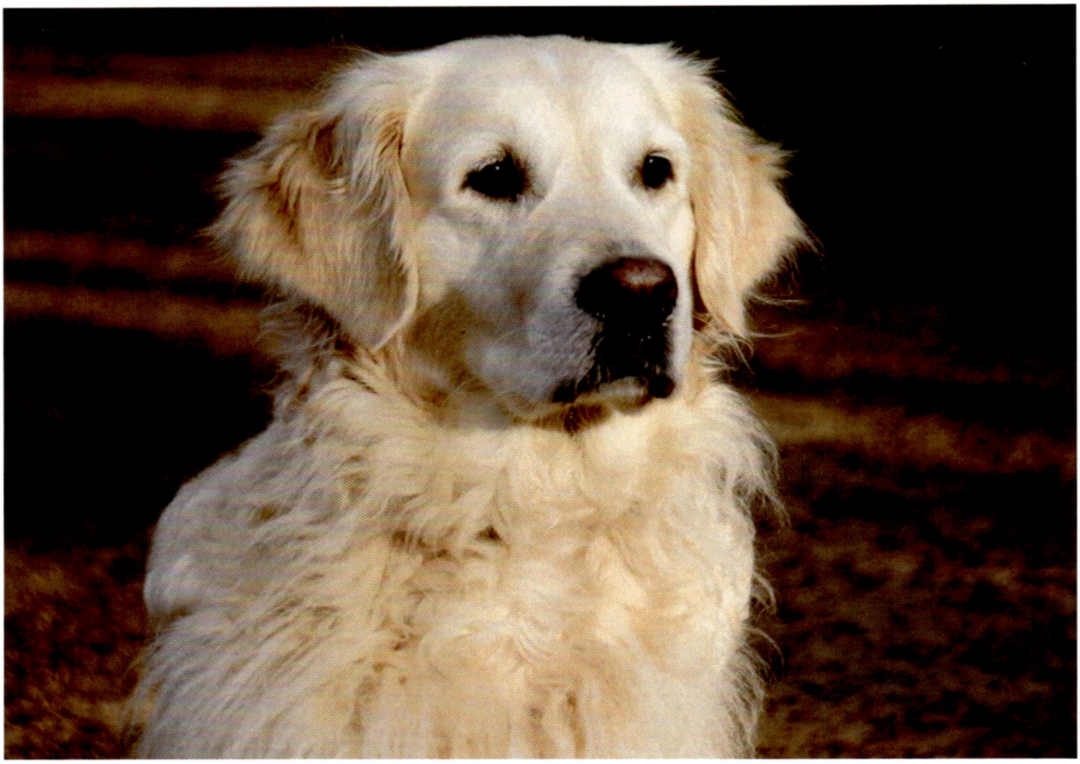

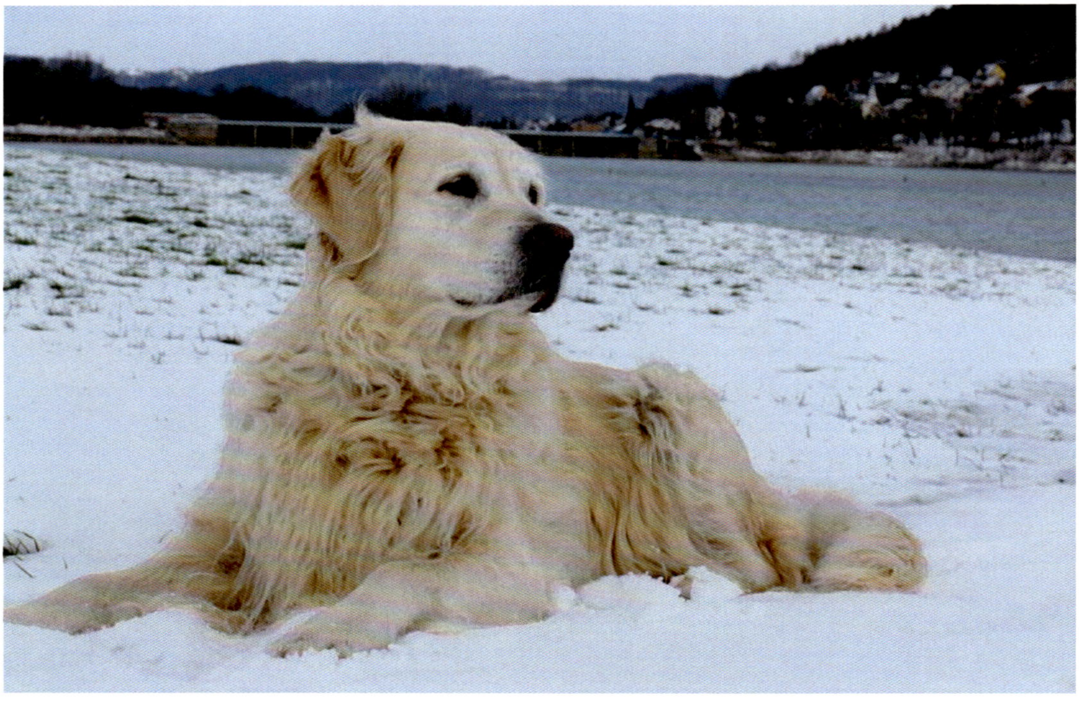

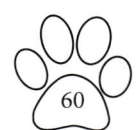

Unterwegs in meiner Heimat

Jetzt erzähle ich Euch etwas ganz Privates ...

Herrchen und die Frauen

„Oh nää ... oh nää ...", würde mein sächsischer Kumpel Moses sagen, wenn er die bisherige Auswahl an Frauen beurteilen sollte, die mein Herrchen immer wieder mal bei mir vorstellt.

Moses ist ein ganz raffinierter Retriever, der tut so, als ob er spielt, und dann springt er hoch als Busengrapscher. Aber mein Freund Nico passt gut auf mich auf, da darf er das nicht machen.

Herrchen ist eigentlich ein Solo-Zweibeiner von Haus aus und schon etwas in die Jahre gekommen. Manchmal packt ihn aber der Rappel und er geht auf Frauensuche ... und fällt immer wieder auf die Nase.

Meist werde ich von den weiblichen Zweibeinern akzeptiert, aber nicht so richtig, weil Herrchen im entscheidenden Augenblick immer zu mir hält.

„Du liebst deinen Hund abgöttisch, du brauchst doch nicht wirklich eine Frau, die spielt nur die zweite Geige. Ich gehe!"

Herrchen hat zwar etwas bedröppelt dreingeschaut, aber ich habe mich riesig über ihn gefreut; nach außen hin mein Pokerface aufgesetzt und somit öffentlich bekundet, dass mich das gar nicht tangiert. Als Dankeschön für mein Herrchen lasse ich ihn in dem Glauben, er sei der Rudelführer und ich bewundere ihn.

Etwas schwieriger war der Fall für mich, als mein Pseudo-Boss über längere Zeit Kontakt zu einer höhergestellten Persönlichkeit hatte. Ich kam ganz gut mit ihr zurecht und sie fand auch, dass ich ihr gut stehen würde. Aha, also bin ich nur ein Accessoire für die noble Dame? Chef will ich sein und nicht nur ein Schmuckstück!

Wie Männer halt in solchen Situationen sind: begriffsstutzig, unentschlossen und feige! Herrchen hat mich nicht richtig verteidigt.

Aber die Angelegenheit hat sich trotzdem zu meinen Gunsten entschieden. Die noble Dame hatte plötzlich den Wunsch nach ganz hellen Teppichen und ließ die dunklen, strapazierfähigen einfach entfernen. Dann kamen ihr Bedenken, ob ich in ihrem neuen Ambiente nicht zu viel Dreck hinterlassen würde ... Ich habe das als Hausverbot aufgefasst! So eine Frechheit!

Endlich hat Herrchen wie ein Mann ganz in meinem Sinne reagiert und die Frage gestellt, ob der Hund oder der Teppich wichtiger ist.

Seit diesem Zeitpunkt haben wir dieses Anwesen auch nicht mehr betreten.

Die richtige Frau für Herrchen zu finden ist Hundesache, habe ich gesagt. Bevor der Pseudo-Boss noch mehr Blödsinn macht, muss ich die Sache in die Hand beziehungsweise in die Pfote nehmen.

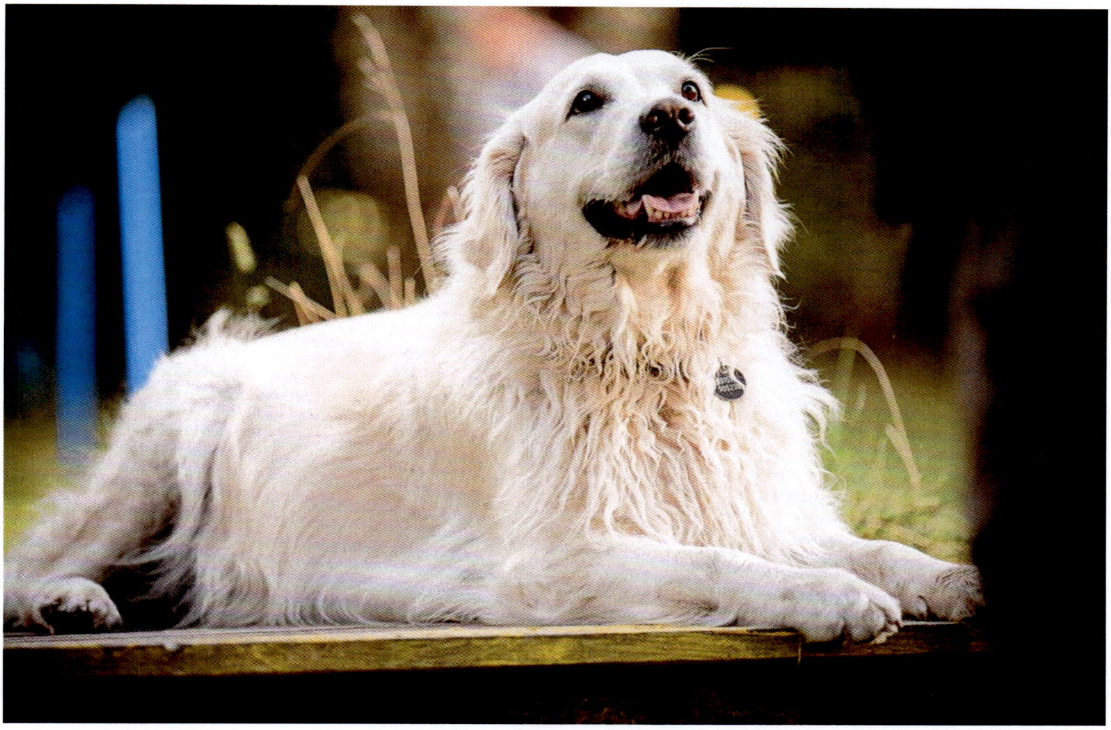

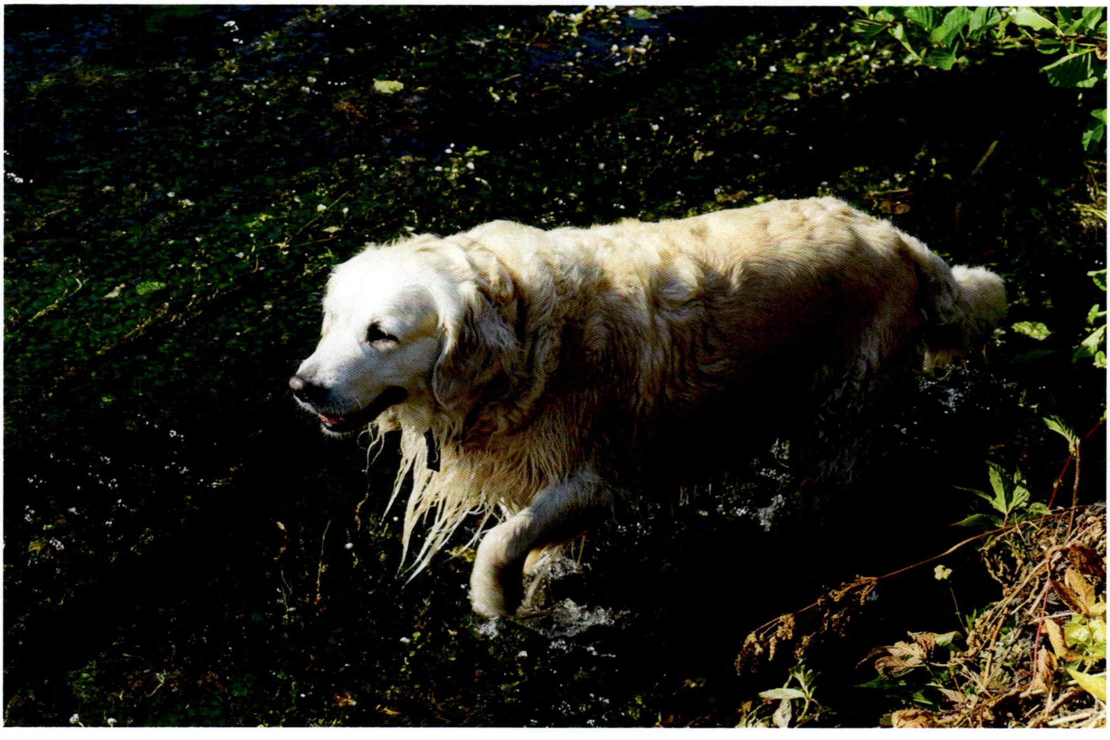

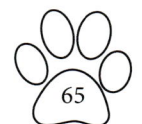

Weil Herrchen bei den
Frauen immer daneben lag,
habe ich die Sache
in die Pfote genommen.
Jetzt passt´s!

Ein Urlaubsflirt und mehr

Herrchen wandert gern in den Bergen und so muss ich zwangsläufig mit, was mir allerdings großen Spaß bereitet. Eines Tages stand wieder ein Berg-Urlaub an.

Nach ziemlich langer Fahrt, ich bin ein toller Auto-Hund und mache da nie Probleme, kamen wir endlich an. Herrchen war etwas gestresst und kümmerte sich um den Check-in, während ich mich schon mal mit der neuen Umgebung vertraut machen wollte. Schon plärrte der Zweibeiner, dass ich gefälligst bei ihm bleiben soll.

Herrchen packte alle Utensilien aus dem Auto und ich inspizierte die Räumlichkeiten. Zufällig war ein Zimmermädchen im Nachbarzimmer und so konnte ich mich davon überzeugen, dass das Nachbarzimmer qualitativ dem unseren entsprach. Die Bewohnerin dieses Zimmers, eine Dame, war mir sehr sympathisch, sie hatte irgendetwas Hundefreundliches an sich.

Das wäre doch vielleicht was für mein Herrchen? Verkuppeln? So führte ich schon mal erste Vorgespräche mit der Dame, die positiv verliefen. Herrchen war immer noch mit dem Auspacken beschäftigt und dachte, ich läge im Gang bei dem Wassernapf, den man mir freundlicherweise hingestellt hatte. Dann suchte mich mein Boss und fand mich schließlich in fremden Gefilden. Er entschuldigte sich und meinte, dass ich ja ganz freundlich und lieb sei und sie keine Bedenken bei Begegnungen haben bräuchte. Aber das hat die Dame ja schon alles von mir gewusst.

Es tut mir leid, aber dann habe ich Herrchen blamiert; er forderte mich umgehend auf mit ihm zu kommen. Nicht hören kann ich ja gut und reagierte absichtlich nicht. Mit strengerer Miene und schärferem Ton wiederholte er seine Aufforderung. Ja, er hatte heute schon genug Stress bei dieser Schlechtwetterfahrt gehabt, also trabte ich gemächlich in unser Zimmer, schaute aber der Dame vorher noch einmal tief in die Augen. Sie hatte verstanden, dass ich ihr sagen wollte, ich bin gleich wieder da.

Man muss wissen, dass ich für Herrchen sein Ein und Alles bin, und er könnte sich überhaupt nicht vorstellen, dass ich fremdgehen würde. Mach ich auch nicht, aber es gibt da vielleicht eine Ausnahme, es wäre ja auch zum Wohle von Herrchen.

Im Zimmer zeigte ich meinem Boss unmissverständlich, dass ich auf den Gang hinaus wollte, schließlich hatte ich ja mit der Dame noch nicht alles geklärt.

Herrchen zeigte sich stur und ignorant, was meine Bedürfnisse anbelangte.

So oft habe ich meine Bedürfnisse bei Herrchen schon durchgesetzt, also schaffe ich es auch diesmal.

Jetzt wollte sich Herrchen mal im Hotel und in der Gegend umschauen und so war es unvermeidlich, dass wir auf den Gang hinaus mussten. Dank Herrchens Vergesslichkeit, der noch mal ins Zimmer zurückging, konnte ich mich zur Nachbarin begeben und jaulte vor ihrer Tür. Sie dachte, es läge ein Notfall vor, und öffnete die Tür. Schon war ich wieder drin.

Das war für Herrchen extrem peinlich; wenn er mich wieder rufen würde und ich käme nicht? Die Dame rettete die Situation, indem sie meinte, sie wolle sich etwas die Beine vertreten. Ich fand die Idee toll, Herrchen wohl nicht so sehr, weil er so als Blamierter dastehen würde. Trotzdem reagierte er goldrichtig, indem er sagte, er müsse mit dem Hund auch mal eine Runde drehen.

Jetzt oder nie! Ich lief nicht an der Seite von Herrchen, sondern an der Seite der Frau, die Herrchen dann wenigstens auf einen Kaffee eingeladen hatte.

Mein Zweibeiner war noch einige Zeit mit seiner desolaten Erziehungskompetenz und meinem Verhalten beschäftigt, so dass er sich noch gar nicht um die Dame kümmern konnte.

Langsam könnte Herrchen mal die Sache und das Kommando übernehmen, aber Männer sind da wohl schwer von Begriff.

Wenigstens gab es gemeinsame Kurzausflüge. Dabei entdeckte ich eine fette, große Maus und mein Jagdtrieb erwachte aus dem Dornröschenschlaf. Überall hinterher, aber die Beute entwischte immer wieder, das machte mich nur noch eifriger und wilder. Ich buddelte und rannte, jedoch erfolglos. Weil Herrchen auch pausenlos schimpfte und mir die Jagd verboten hat, nun ja, der Klügere gibt halt nach.

Eine günstige Gelegenheit ergab sich gleich anschließend. Eine kleine und vermutlich dümmere Maus kreuzte meinen Weg, ich war sofort wieder in bester Jagdlaune und hatte diesmal Erfolg.

Meine Beute trug ich in der Schnauze spazieren, was Herrchen in Rage brachte; er hinter mir her und ich mit der Maus voreweg. Einholen lasse ich mich nicht und halte den Abstand so, dass Herrchen noch glaubt, er könne mich fangen.

Nun war die Situation eskaliert; Herrchen gab die Verfolgung auf, er keuchte und schimpfte. Was mache ich jetzt? Bekommt er nun eine Herzattacke oder wird er zum Choleriker?

Wie wirkt sich das auf mein weiteres Leben aus?

Kurz überlegte ich, ob ich Herrchen noch brauchen würde, und „plopp" ließ ich die Maus aus der Schnauze fallen. Herrchen war gerettet, die Maus nicht.

Unfair fand ich es von Herrchen, als er die Dame und mich einem Härtetest unterzog.

Da er sich endlich mit der Dame angefreundet zu haben schien, schlug er arglistig einen Tagesausflug vor. Zunächst ging es mit der Seilbahn höher und höher. Ich war der Meinung, er hätte auch die Rückfahrt gebucht, aber so kann man sich täuschen.

Stundenlang ging es bergab und der Weg nahm einfach kein Ende. Herrchen schien auch etwas an Substanz zu verlieren, aber wir gaben uns nach außen keine Blöße, obwohl die Füße beziehungsweise Pfoten schmerzten und fast das Qualmen anfingen. Einfach heißgelaufen. Da hab ich mir eine Abreibung für Herrchen ausgedacht, als uns an einer Wegbiegung ein scheinbar herrenloser Hund entgegenkam.

Ich hinterher und schon waren wir beide dank der Wegbiegung außer Sichtweite.

Als Herrchen und Partnerin die optische Barriere überwunden hatten und das Sichtfeld wieder ungetrübt schien, war kein Hund weit und breit zu sehen.

Herrchen brüllte unentwegt und ärgerlich meinen Namen, den Ruf der Berge habe ich mir aber schöner vorgestellt. Offensichtlich waren meine Zweibeiner nicht mehr willens und in der Lage die Büsche und Felsbrocken abzusuchen und warteten deshalb resigniert auf mein Erscheinen. Irgendwann war es dann so weit; dreckig wie selten zuvor in meinem Leben gesellte ich mich wieder zu den Wartenden.

Wenigstens wurde ich nicht ausgeschimpft, weil die Zweibeiner nur darüber grübelten, wie sie mich in diesem Zustand ins Hotel schmuggeln könnten.

Es gab aber später eine viel bessere, nämlich natürliche Lösung: ein reißender Gebirgsbach. Nachdem ich durch die Leine gesichert war, ließ man mich vorsichtig zu Wasser und ich kam putzsauber wieder heraus.

Der Rest des Tages verlief dann auch sehr geruhsam, keiner hatte mehr Lust etwas zu unternehmen.

Es wurden noch sehr schöne, abwechslungsreiche Tage im Gebirge; dabei konnte ich meinen persönlichen Höhenrekord auf 3.108 Meter schrauben. Das ist zwar nicht so wichtig für den Rest der Welt; viel wichtiger ist für mich, dass ich jetzt mein Rudel vervollständigt habe, und so soll es auch bleiben.

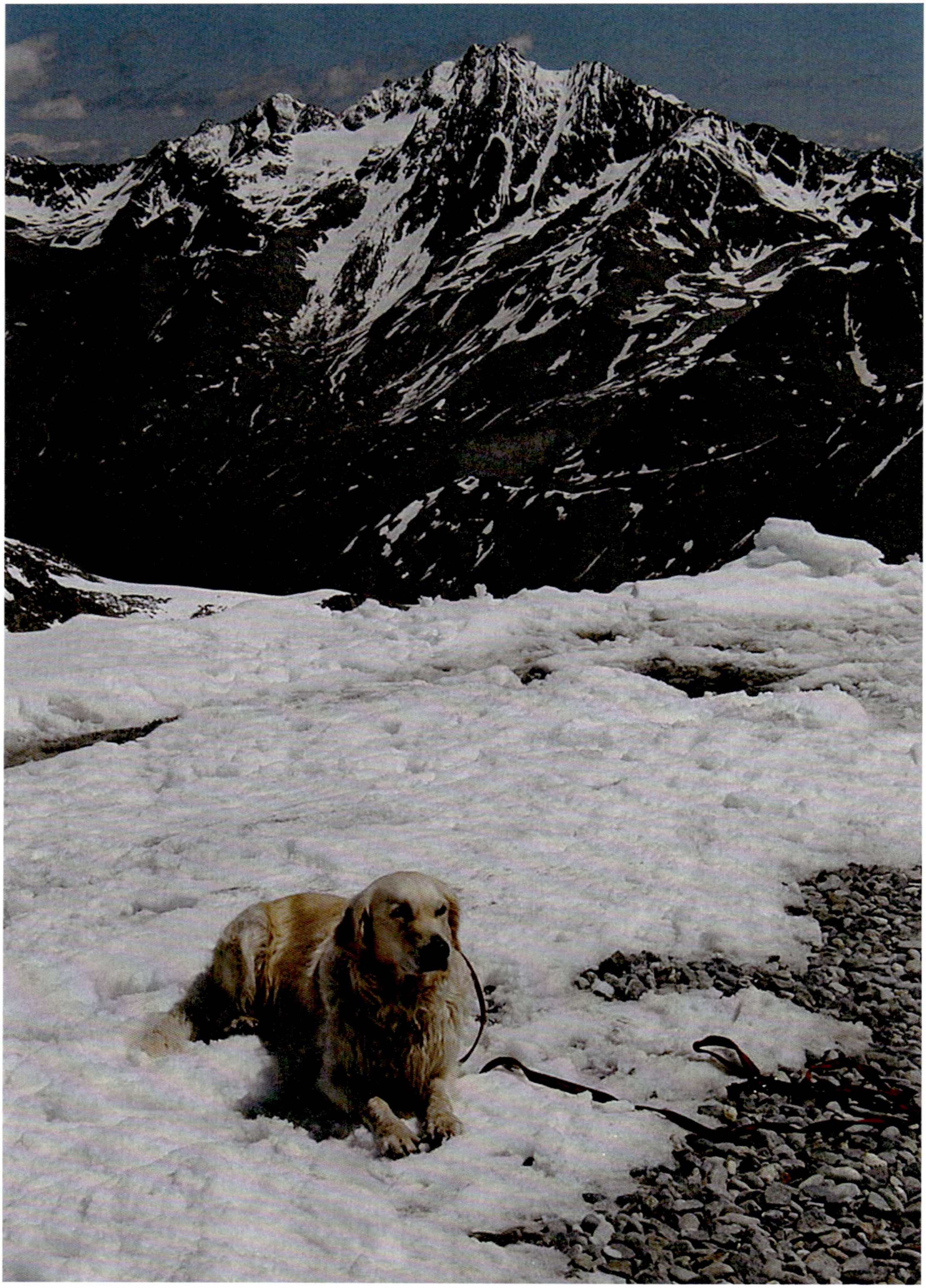

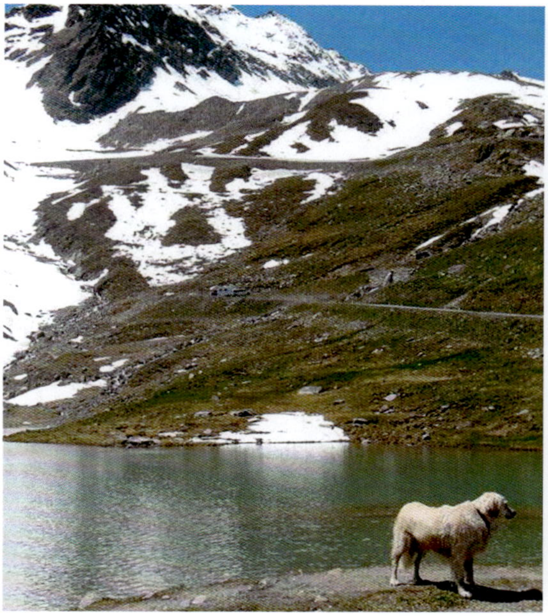

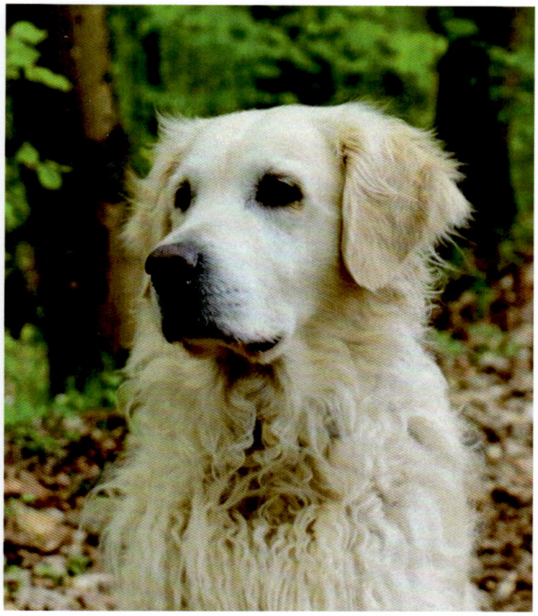

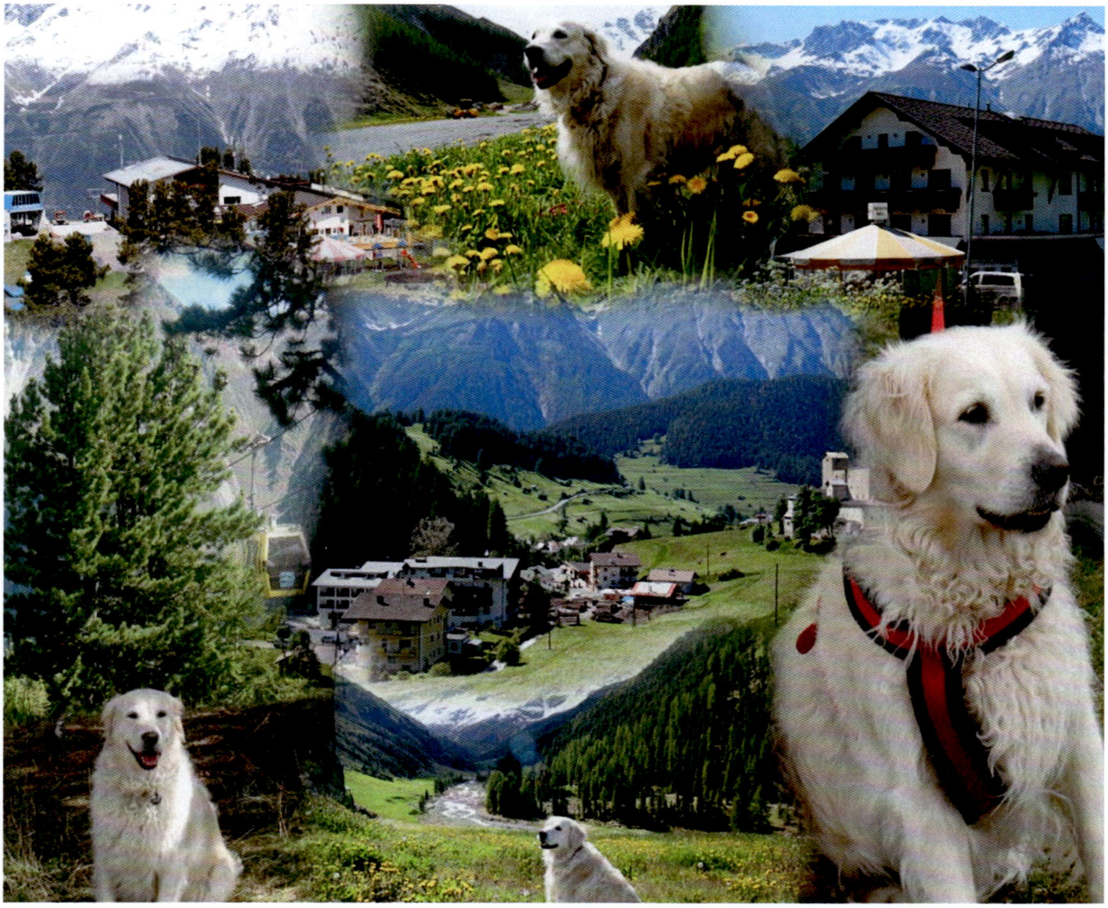

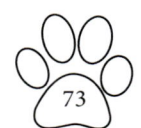

Ich kann sogar mit der Zunge in der Nase bohren!

...und ich brauche kein Taschentuch ....

Zum Schmunzeln und Genießen

Zweibeiner lachen über uns, das weiß ich noch aus meiner Welpenzeit, aber oft lachen sie auch, ohne dass ich den Grund dafür kenne. Vielleicht sind Zweibeiner nicht ganz richtig im Kopf?

Überhaupt keinen Grund zur Freude haben sie, wenn wir ausgeschimpft werden. Ich erinnere mich an eine Situation, als ich fälschlicherweise ausgeschimpft wurde, denn Nico war wieder einmal derjenige, der viel Blödsinn machte. Der Schlingel setzt sich mit Unschuldsmiene hin und guckt zu, wie ich mir eine Predigt anhören muss. Der Gipfel der Frechheit war, dass er als Adjutant noch die Leine hielt.

Das hab ich toll hingekriegt ... alle glauben, Cora war das

Ich war das doch gar nicht!

Nico kann sich so verstellen, als ob er kein Wässerchen trüben könne. Ich finde das stinkig von ihm, aber sonst ist er ein lieber Kerl. Er kann genauso treuherzig gucken wie ich und darauf fallen die Zweibeiner immer herein.

Als wir am Bodensee mal einen gemeinsamen Ausflug unternahmen, trafen wir in einer von Touristen stark frequentierten Straße so einen komischen Typen, der, bunt gekleidet, lauter Faxen machte und dabei nichts sagte. Mir war das völlig egal, aber Nico geigte ihm ordentlich die Meinung.

Wenn Nico mal mit uns im Auto fährt, tut er so, als ob er ein Fahrlehrer ist, und gibt dauernd Anweisungen. Er fühlt sich dann immer als Fahrlehrer.

> Alles ok, weiter so!

> Hilfe – das war ein Radar – Blitz. Führerschein weg?

Ich bin ein toller Autohund und kann stundenlang ohne jeglichen Kommentar verreisen. Herrchen hat mir auch extra einen Automatik-Sicherheitsgurt gekauft, damit mir nichts passiert, wenn ich auf der Rückbank sitze oder liege. Ich kann sogar während der Fahrt schlafen. Nico kann das nicht.

Nico mit seinem kurzen Fell braucht nachts immer eine Schlafdecke und eine Gute-Nacht-Geschichte oder ein Schlaflied.

Sing mir das schöne Schlaflied noch einmal, bitte ....

Überhaupt rennt Nico gerne mit seiner Schlafdecke durch die Gegend.

Vielleicht fühlt er sich dann wie ein gesatteltes Pferd?

Oder er schaut im Fernsehen zu viele Ritterfilme und will da mitspielen?

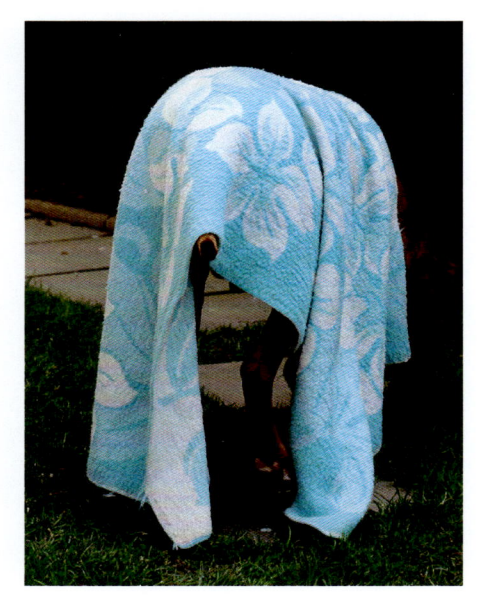

Ein bisschen Angst hatte ich anfangs am Bodensee vor den beiden Flattermännern, Rico und Lore, die ich nicht so richtig taxieren konnte, ob sie mir gefährlich werden können oder nicht. Jetzt weiß ich, alles ist harmlos.

Ich kenne dich noch nicht und werde dich erst mal untersuchen

Wenn Zweibeiner über den Zaun gucken und miteinander reden, finden sie das ganz normal. Wenn ich über den Zaun gucke, um zu wissen, was los ist, oder mit der Nachbarin quatsche, ob es heute Pansen oder Schweineohren gibt, dann lachen die Zweibeiner immer; die sind halt albern, da kann man nichts machen.

Eigentlich darf ich es nicht verraten, aber Nico will mir imponieren und ein echter Kerl sein, deshalb trinkt er manchmal Bier. Wenigstens raucht er nicht, sonst dürfte er mich nicht mehr küssen, obwohl eine Bierfahne auch nicht besonders duftet. Da wäre so ein halb verwester, stinkiger Knochen doch etwas anderes. In Abfallkörben stecken manchmal die tollsten Leckerbissen, nur hat Herrchen das nie begriffen und lässt mich auch nicht sortieren und aussuchen. Keine Ahnung, aber Chef spielen wollen!

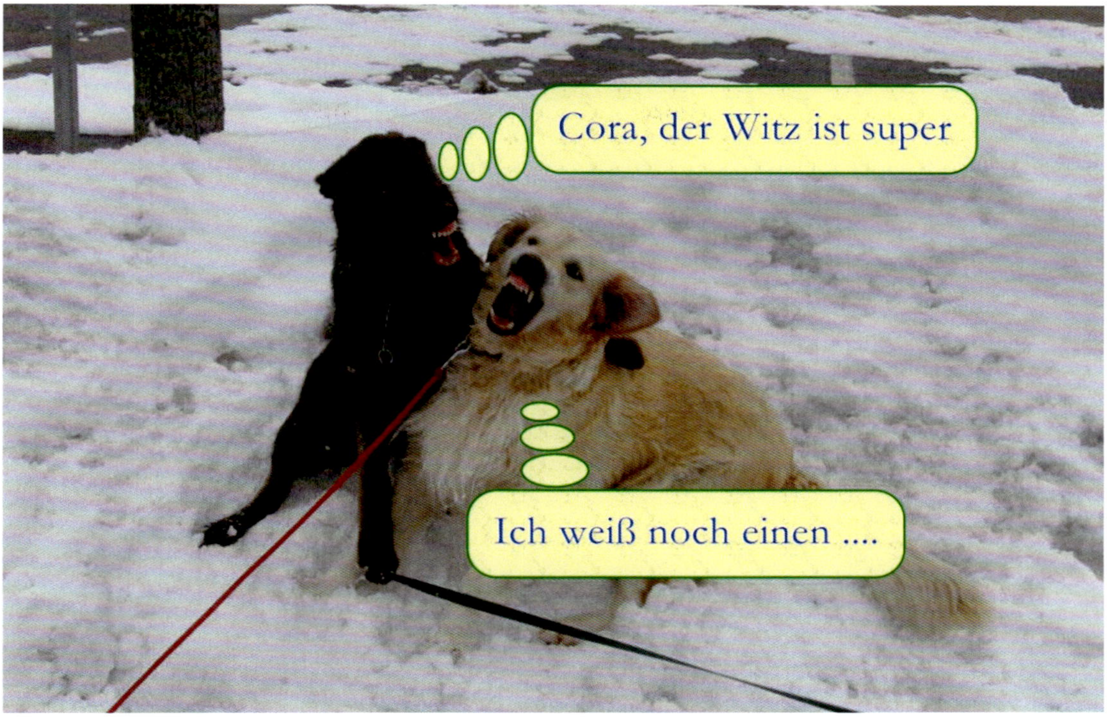
Cora, der Witz ist super
Ich weiß noch einen ....

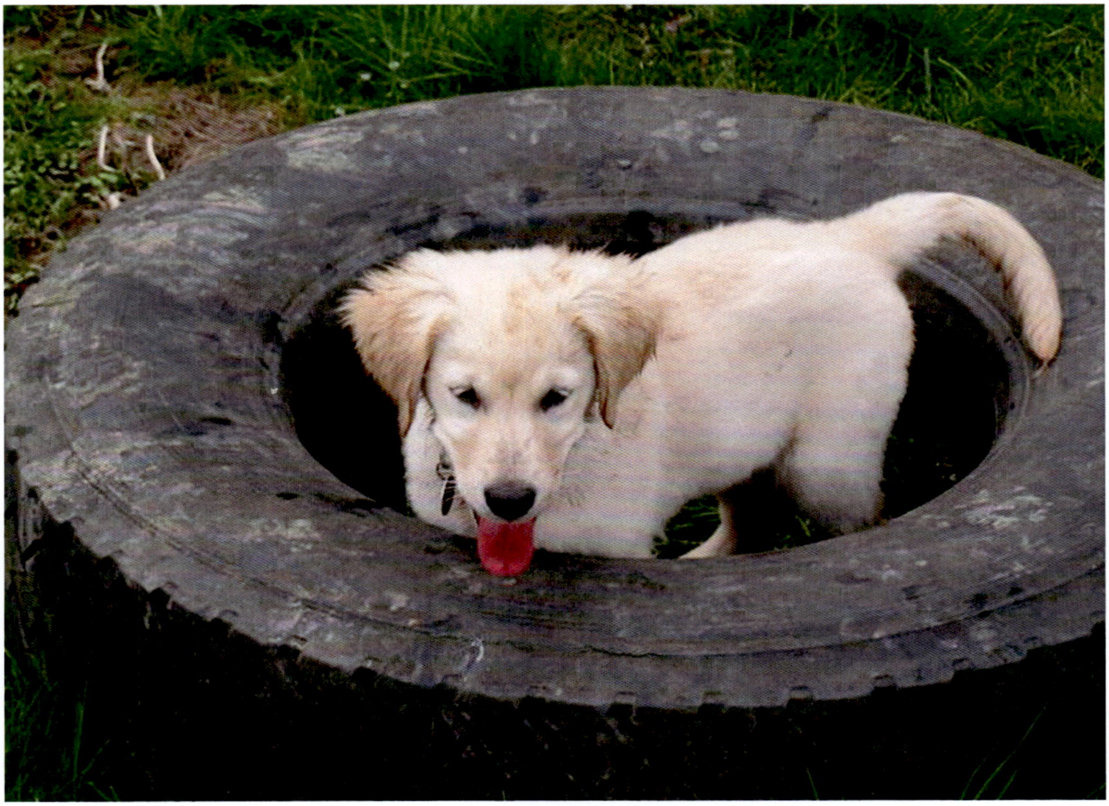

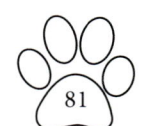

Wie bringe ich das Stöckchen nur aus dem Wasser?

Ich zerbeiße so gern Stöckchen.

Oh, da unten läuft doch eine leckere Beute rum

Als Zeitungsbote verdiene ich für mich und Cora noch etwas dazu, damit wir uns was leisten können.

Ich könnte auch bei der Wasserwacht am Bodensee aushelfen ...

Das ist Frauen-power ...

Nico, gibs ihm aber ordentlich!

Hau ab, du alberner Kerl, sonst mach ich dir Beine...

Ich spiele nicht mehr mit!
Du vera... mich immer; jetzt
gehe ich heim!

Olle Spielverderberin ....
geh doch heim!

Die sollen selber ohne mich spielen; die werden schon merken, wie das ist ....

Ich habe schon viel erlebt! Der Hafenmeister hat mich schon mal aus dem Bodensee gefischt als ich über Bord gegangen bin...

Cora warte, muss den Tank noch leer machen

Selten so gelacht ....

Moses, mein Kumpel aus Sachsen

Moses, was machst du da?

Oh...was für schönes Gefühl ....

In Hotels führe ich mich ganz anständig auf und darf immer wieder kommen.

Der Chef ist nicht da.
Alles hört jetzt auf
auf mein Kommando!

Auf dem Schild stand "Zur Kneippanlage". Wo ist die denn?

Cora, wie geht das mit der Kneipp-Kur?

Hier gibt es ganz tolle Verstecke!

Was mache ich bloß, wenn der Kerl vom Sockel steigt?

Im Wasser säuft der schwere Kerl bestimmt ab!

...zeig doch auch mal deine Zähne....

...ich glaube, ich hab noch keine...

... habe jetzt keinen Bock auf das Lernen, ich will lieber spielen und toben ...

Auf meinen großen Touren genieße ich immer das tolle Panorama, genau wie Herrchen. Manchmal kann man sich gar nicht sattsehen an den wunderschönen Ausblicken.

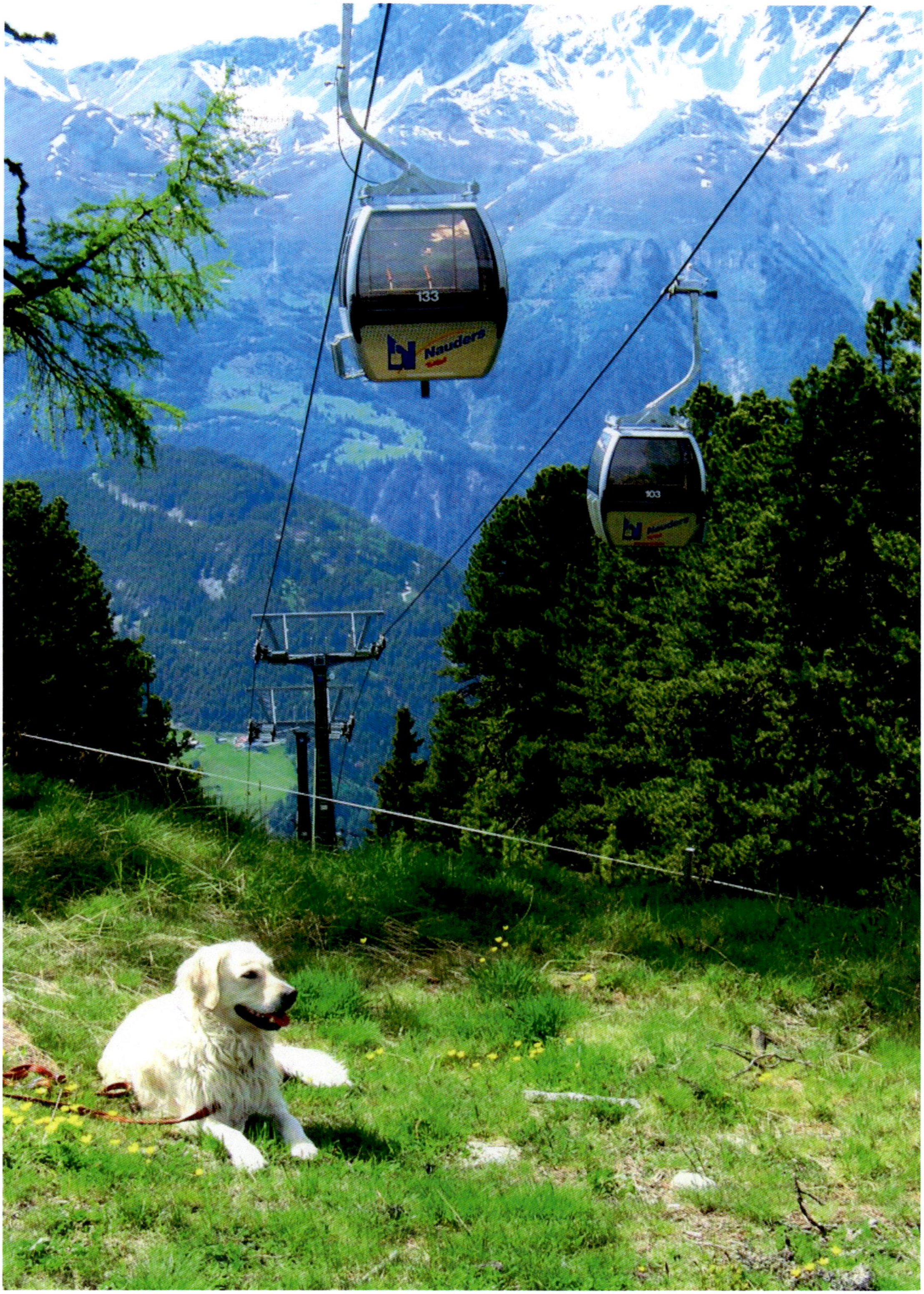
133
Nauders
103

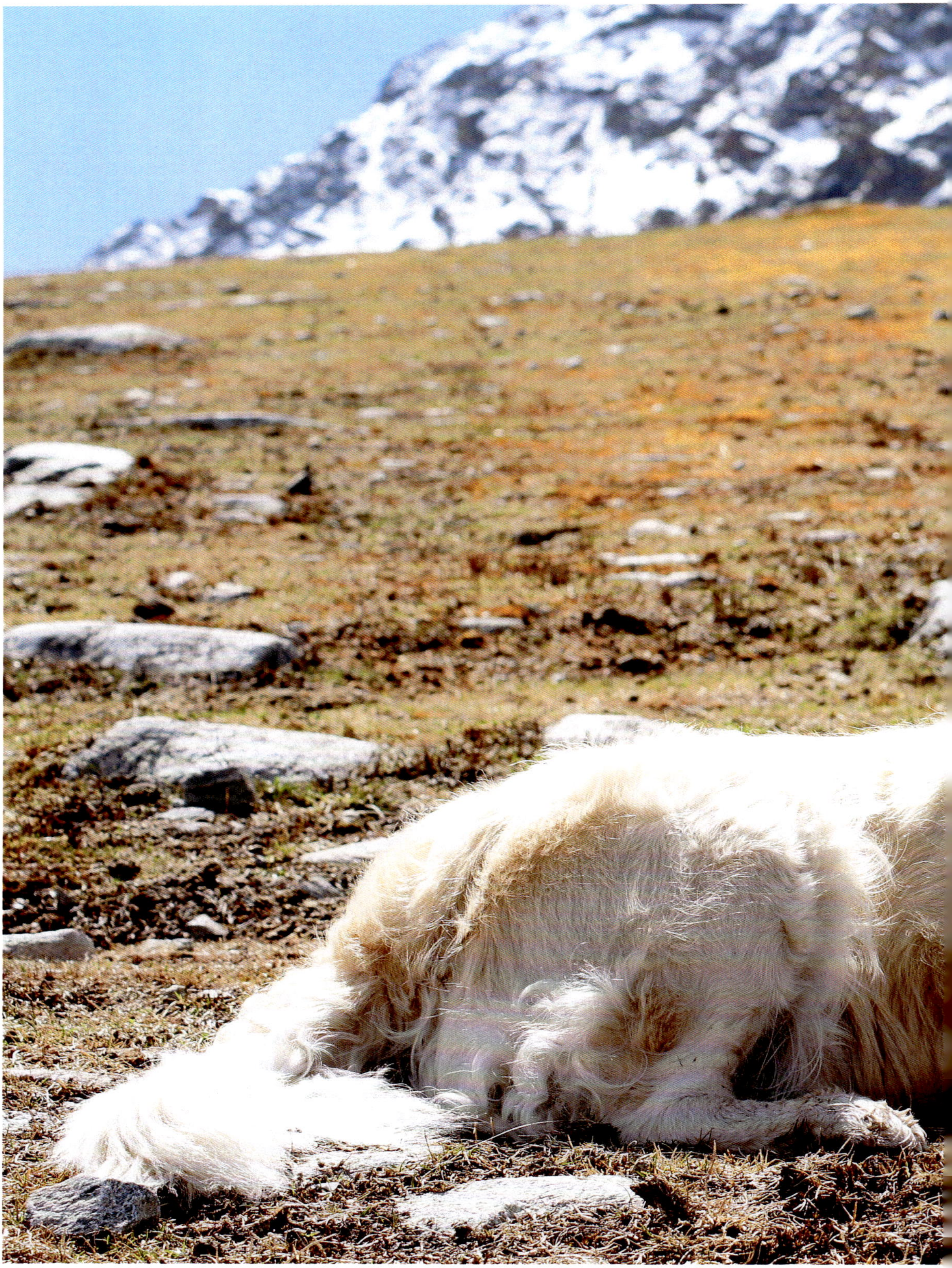

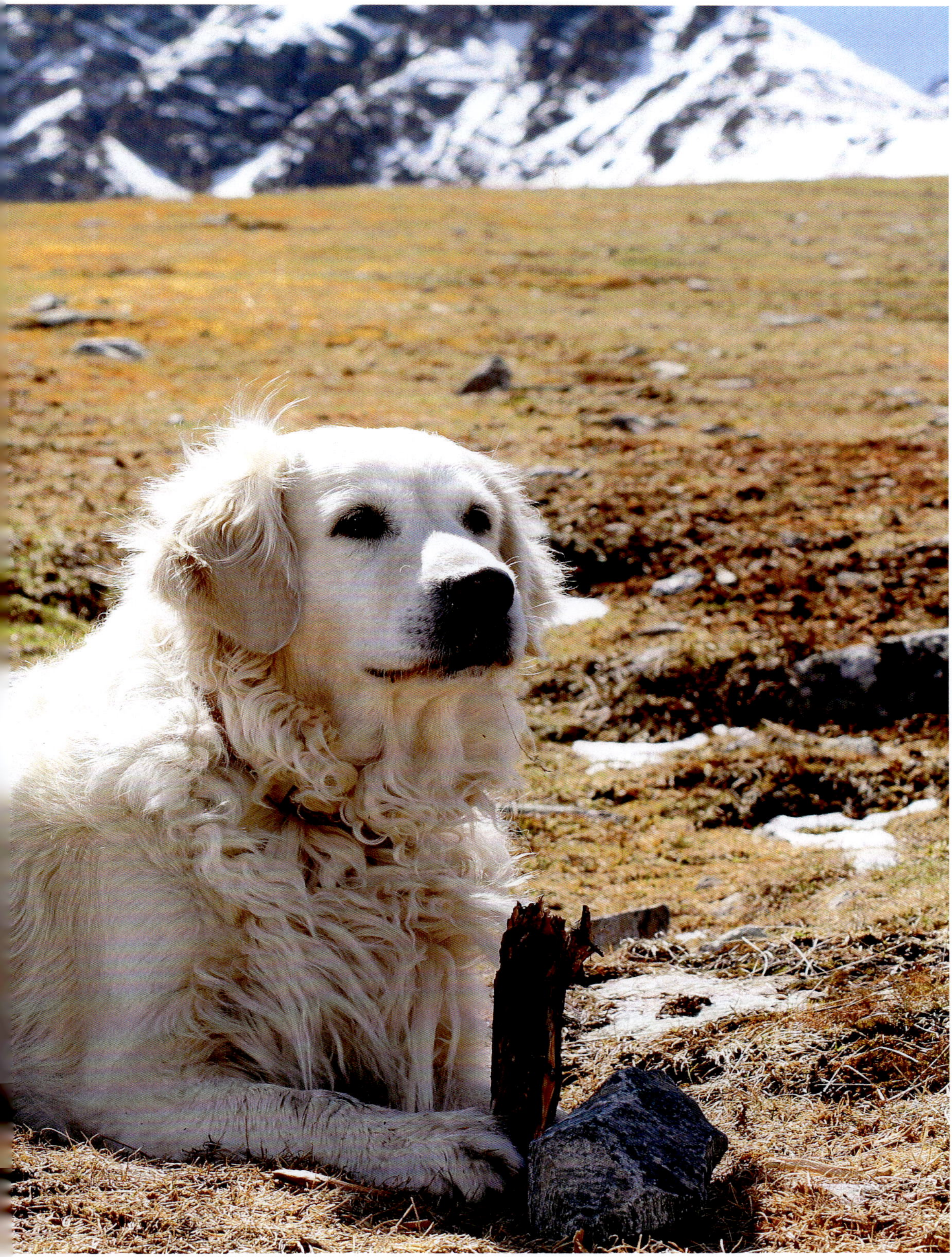

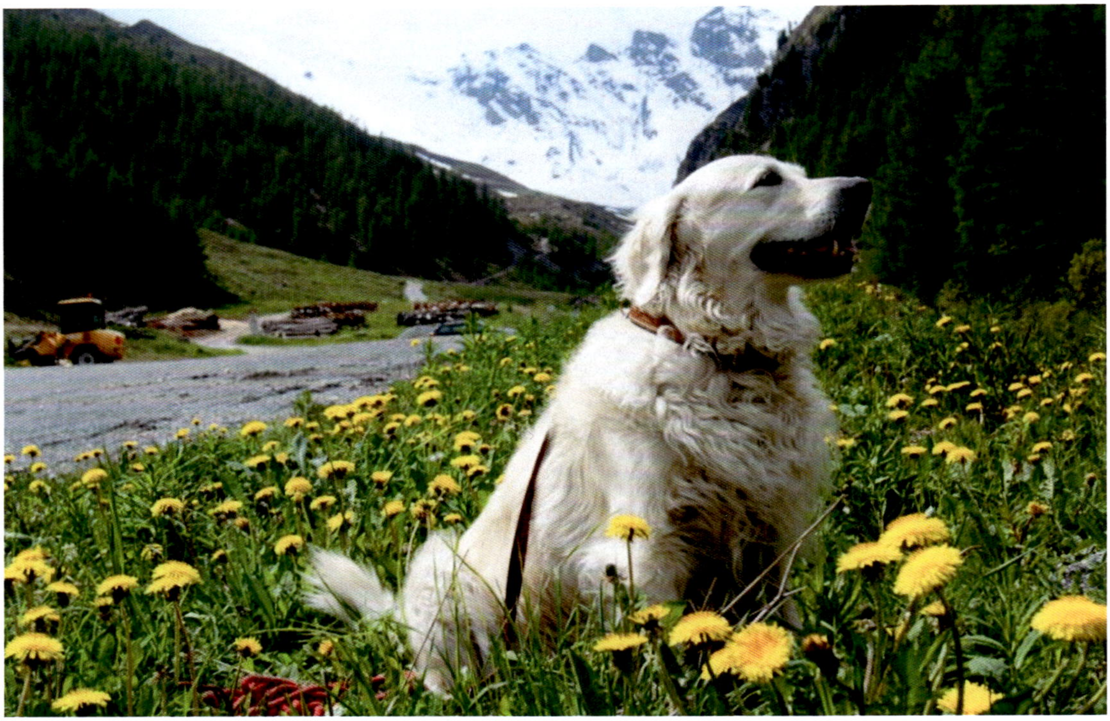

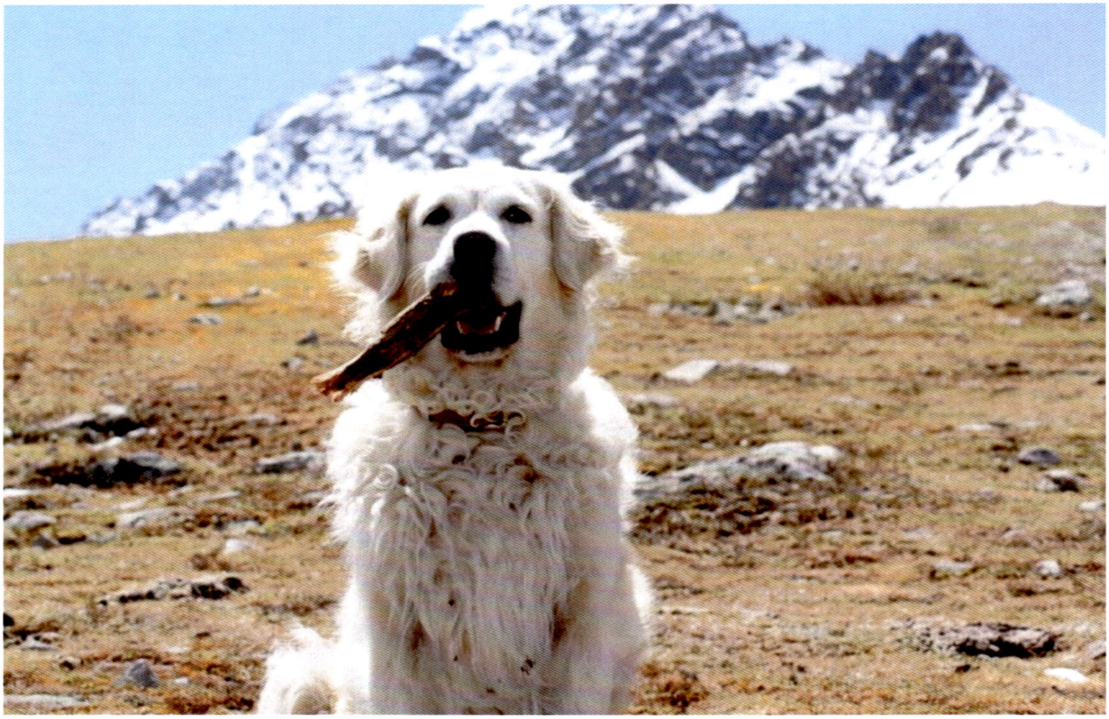

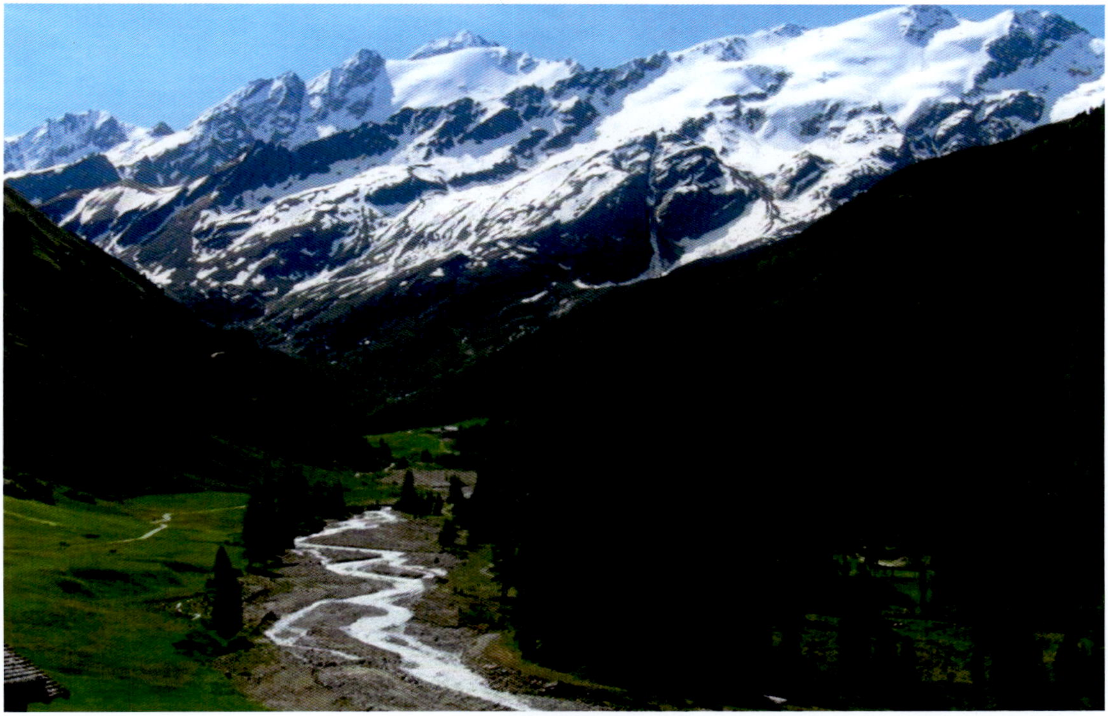

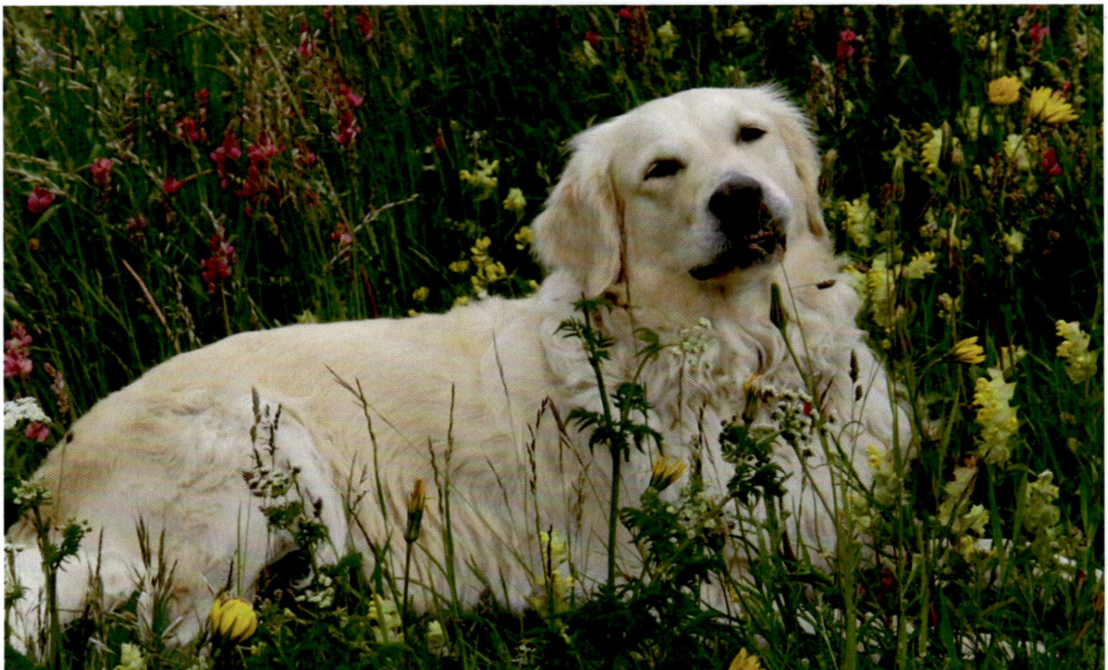

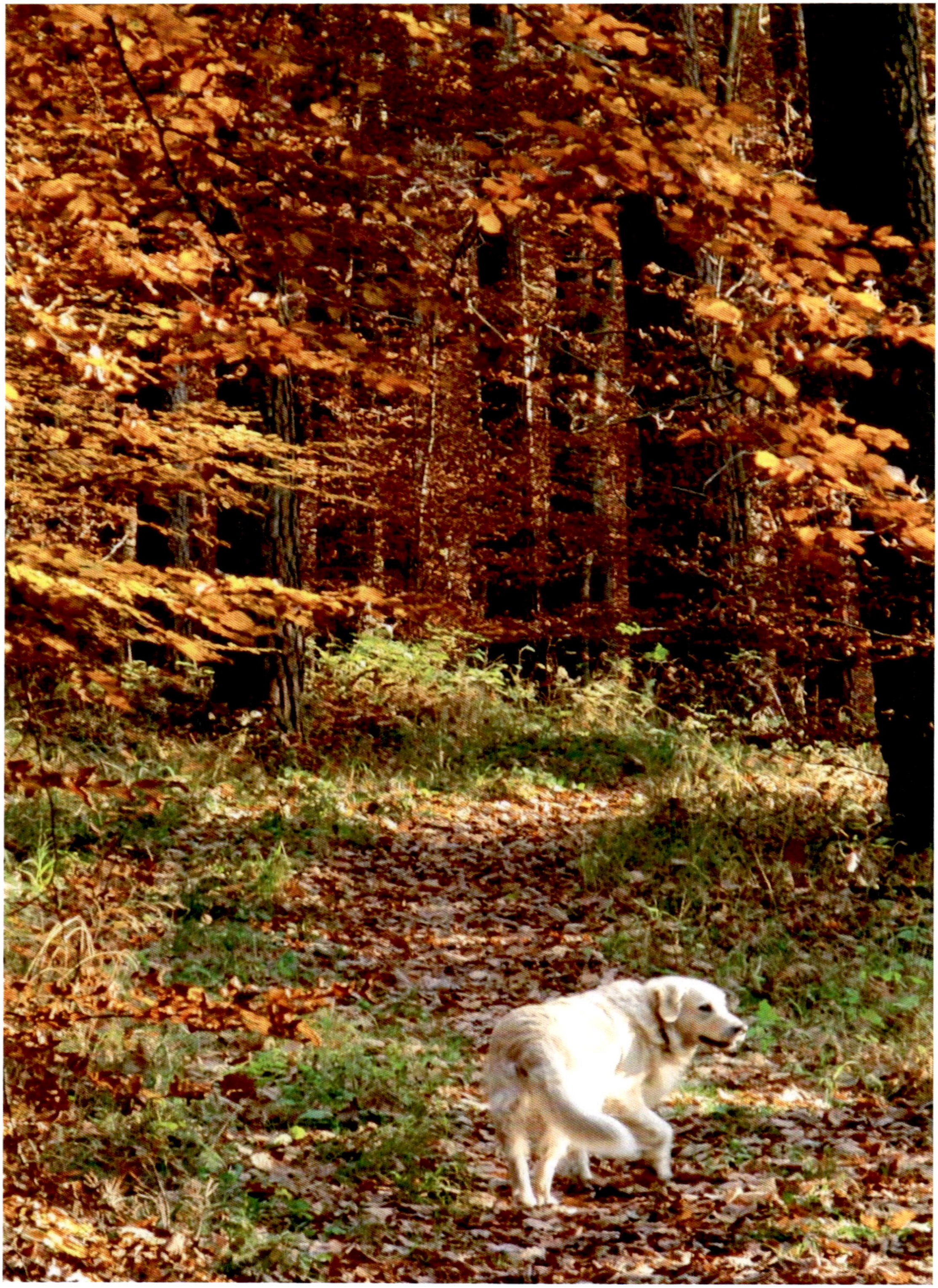

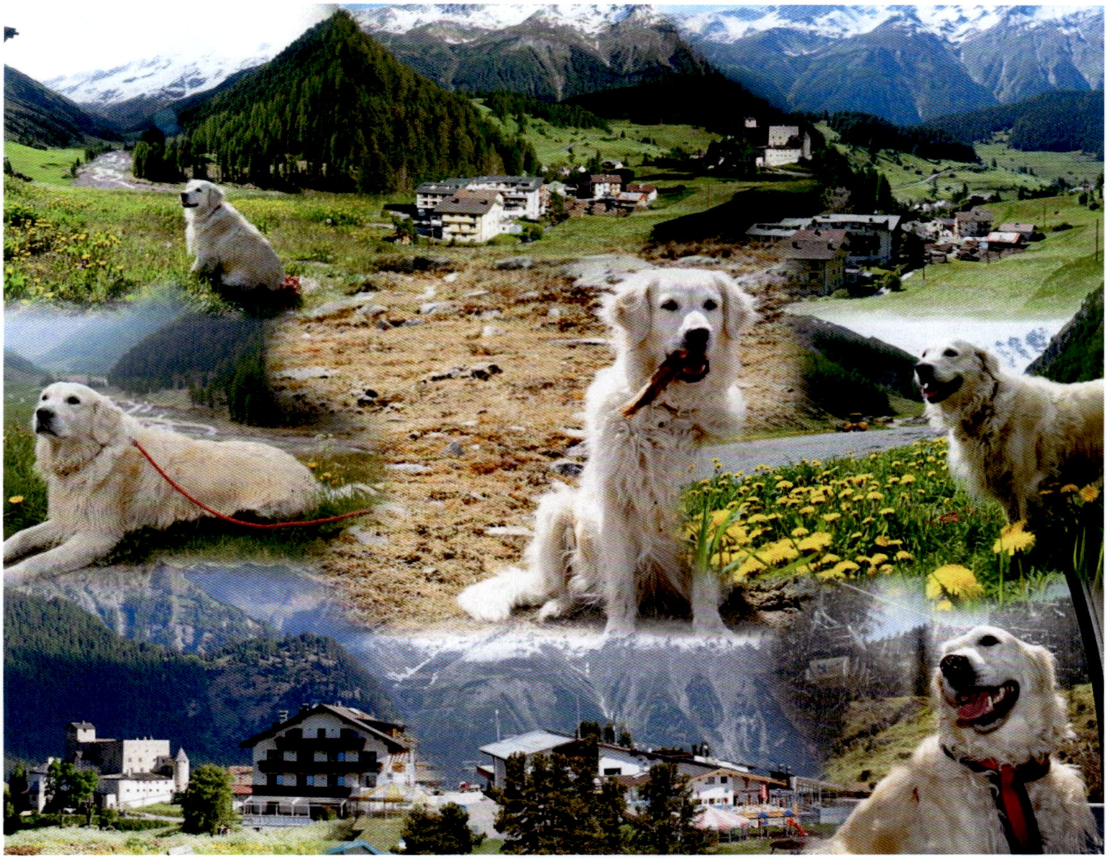

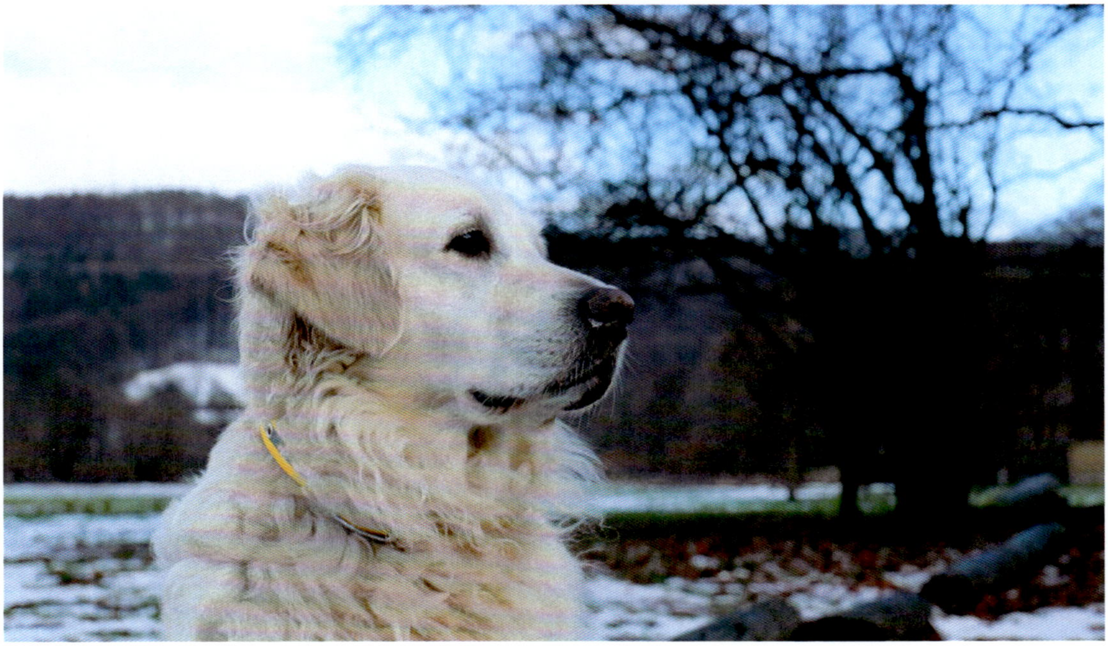

104

Durch das Jahr spazieren

Ich habe meinen Adjutanten, vormals mein Herrchen, angewiesen, viermal pro Tag mit mir Gassi zu gehen, und das macht er in der Regel auch. Dabei unterscheiden wir zwischen festen Terminen, kreativen Unternehmungen und besonderen Ausflügen.

Als Fixtermin gilt unser Frühstückstreffen mit Freunden. Dazu laufen wir einen Berg hinauf und meist warten schon Rea, eine ältere Schäferhündin, und Spike, ein braver schwarzer Rüde, auf mich. Herrchen breitet dann sein Frühstücksangebot aus, also ein Picknick für Vierbeiner. Wenn alle satt sind, geht es wieder nach Hause.

Wir Drei finden uns jeden Morgen zum Frühstück hier ein.

Zu den festen Terminen gehört auch der abendliche Spaziergang mit Swipp. Je nach Laune kämpfen wir dabei zwischendurch wieder, bis den Passanten die Haare zu Berge stehen, und dann trotten wir einträchtig weiter. Zum Schluss bedankt sich Swipp bei Herrchen, indem er ihn intensiv im Gesicht abschleckt, einschließlich der Brille.

Weil Herrchen dabei lachen muss, legt Swipp noch einen Zahn zu, während ich mit Swipps Frauchen schmuse. Das ist Alltag bei uns.

Die Spaziergänge zwischendurch werden abwechslungsreich von meinem Pseudo-Boss gestaltet, um meinen Horizont zu erweitern. Touren am See, auf Berge, durch den Wald und einfach in der Ebene lassen keine Eintönigkeit aufkommen. Am Schönsten ist es immer, wenn mich ein Freund oder eine Freundin begleitet.

Die Knaller sind die großen Ausflüge: Bodensee, Alpen, Gletscher, Bergtouren, Seilbahnfahren, Schifffahren, Dampflokfahren, Zug- und Busfahren, all dies erfreut meine Hundeseele. Manchmal sind richtige Abenteuer dabei; Herrchen lotste mich mal auf so eine wacklige, schwankende Hängebrücke. Das war angsteinflößend. Ich duckte mich und machte mich so breit wie möglich. Langsam tapsend, meinen Zweibeiner im Schlepptau, erreichte ich das rettende Ende. Wie können Zweibeiner nur so dusselig sein und wackelnde Brücken bauen? Da fühle ich mich sogar auf einem Schiff wohler.

Auf diese Weise habe ich auch mal meine „Zwillingsschwester" getroffen, na ja, nicht ganz, ein Jahr älter als ich, aber wir gleichen uns wie ein Ei dem anderen. Schöne Zufälle, wenn man viel auf Reisen ist.

Was mich wundert, sind die unterschiedlichen Zustände der gleichen Wege. Mal gehe ich eine bestimmte Tour durch Schnee, wobei mich das an meine Zeit als Welpe erinnert, als ich die Schneeflocken fangen und fressen wollte, mal sind die Bäume kahl, mal bunt, mal grün. Mal ist es irre heiß, dass ich in meinem Fell unendlich schwitze und keine Lust zum Laufen habe, mal ist es kalt, mal angenehm.

Ich weiß nicht, warum dies so ist. Herrchen zieht mal mehr oder weniger an, aber ich bin immer im gleichen Dress!

Gerne gehe ich schwimmen; das ist für Golden Retriever ja ganz normal. Sobald die Eiszeit vorbei ist, bin ich im Wasser. Zweibeiner sind manchmal entsetzt, wenn ich in das feuchte Element gehe.

In einem Urlaub an einem Gletschersee folgte mir mal so ein Mini-Hund wie ein Schatten, ein Rüde natürlich. Da bin ich in den eiskalten See gegangen und der Trottel hinterher. Sein Rudel hat entsetzt aufgeschrien, denn sie fürchteten sein nahes Doppel-Ende, durch Kälteschock und durch Ertrinken. Jedenfalls brachte meine Maßnahme den gewünschten Erfolg, er ließ mich fortan in Ruhe.

Mein Zweibeiner wandert am liebsten durch die bunte Natur, also Herbst meint er damit. Wenn ich mir das recht überlege, ist das auch richtig. Im Winter gibt es oft Probleme mit den Pfoten; die Kälte kann ich meistens mit meinem dichten Fell gut ertragen. Salz auf den Straßen und Wegen, dazu scharfkantige Eisbrocken sind nicht gut für meine Pfoten. Als Ausgleich gibt es Neuschnee; da kann ich mich richtig austoben und darin wälzen.

Kaum ist der Schnee getaut, beginnt die Plage mit den Zecken. Wenn ich dieses Wort schon höre, läuten alle Alarmglocken. Dann werde ich nämlich eingefangen, gründlich untersucht und mit Werkzeugen malträtiert. Es wird gezogen, gedreht, gekniffen – ohne Rücksicht auf Haut und Haare! Herrchen hat eine ganze Menge von diesen Folterwerkzeugen.

Danach will er mich immer noch mit einer Flüssigkeit betupfen, aber da bin ich meist schon abgehauen; ich kenne genau die Stellen in der Wohnung, wo Herrchen nicht hinkommt. Kriecht er dann tatsächlich zu mir hin, haue ich wieder ab zu meinem nächsten Unterschlupf. Herrchen gibt schnell auf, weil er wohl etwas mit seinen Knien zu tun hat. Das ist mir aber sehr recht, wäre ja schlimm, wenn er so flink wie mein Freund Swipp wäre, da könnte ich gar nicht mehr abhauen.

Stichwort „abhauen": Ich bin der perfekte Zaun-Loch-Sucher. Herrchen lässt mich vertrauensvoll als Freigänger durch die Gegend laufen; ich streife genüsslich an den Gärten entlang, und sobald ich ein Loch entdecke, bin ich im

Garten. Mein Zweibeiner bekommt dann wieder seine Krise und befiehlt den sofortigen Rückzug. Das geht natürlich nicht. Um seinem Gebrüll zu entgehen, muss ich mich zwangsläufig erst mal entfernen, damit seine Schallwellen mein Ohr nicht mehr belästigen.

Dann erkunde ich das Gelände, denn ich bin sehr wissbegierig, andere sagen, ich wäre unglaublich neugierig. Nachdem mein Wissensdurst gelöscht ist, kehre ich wie selbstverständlich zurück. Einmal war es etwas problematisch, weil Herrchen nicht mehr da war! Unerhört, der Zweibeiner hat sich von seinem Platz entfernt! Ich hätte wahrscheinlich vorher zu ihm „Platz und bleib!" sagen müssen.

Aber Zweibeiner riechen ja und ich bin seiner Duftmarke gefolgt. Die führte zu unserem Auto, das er für seine Suchaktion ebenfalls benutzte und an einem anderen Platz abstellte, und ich blieb einfach da. Als Herrchen später mit hängendem Kopf angetrottet kam, habe ich ihn auch nicht ausgeschimpft, er hatte durch meine Abwesenheit schon genug gelitten. Er war dann eine Zeitlang nicht mehr in der Lage mit mir zu sprechen und ich musste ihn wieder aufmuntern. Hat er etwa absichtlich die Kommunikation mit mir eingestellt?

Sonst redet er auf den Spaziergängen viel mit mir; das meiste interessiert mich gar nicht, aber vielleicht will er etwas loswerden und ich bin seine Therapeutin. Von meinen tollen Erkenntnissen, die mir auf diesen Gängen kommen, verrate ich nichts. Es riecht überall nach potenzieller Beute, aber das muss ich für mich behalten, sonst komme ich wieder an die Leine.

Weihnachten ist immer viel los, da trifft sich das Großrudel, also befreundete Rudel schließen sich zusammen. Oft bekomme ich dann etwas geschenkt und alle gucken neugierig, ob ich mich auch freue. Warum soll ich mich denn über eine neue Leine freuen? Freuen sich denn Zweibeiner über eine Einschränkung der Bewegungsfreiheit?

Aber alle sind gut und freundlich zu mir, dann ist das Fest schon in Ordnung.

Nach so einem friedlichen Fest kommt kurz danach das schrecklichste Fest des Jahres: Silvester! Unerträglich für uns Hunde und andere Tiere, aber ich habe mich darüber schon ausgelassen.

Im Fasching gehe ich immer als Dracula, das macht Spaß! Alle lachen dann. Überhaupt finde ich es toll, wenn die Zweibeiner so bunt und albern rumhopsen. Im Fernsehen schaue ich am liebsten Tiersendungen und Faschingsveranstaltungen an.

Nach dem Fasching beginnt dann für mich die Badesaison, die bis zum ersten Frost dauert. Ich verstehe nicht, warum mir mein Zweibeiner nicht ins Wasser folgt, er könnte mir bei der Entenjagd behilflich sein. Ich stelle mir das so vor, dass Herrchen mir die Enten zutreibt, und ich erledige den Rest. Über die Aufteilung der Beute müsste man sich einigen. Aber es ist alles nur Theorie. Männer sind manchmal Weicheier, das muss Frau einfach hinnehmen.

Da gab es noch einen Vorfall, der die Zweifel in mir nährte, das männliche Geschlecht sei mutig und stark.

Mit viel Getöse kamen die Feuerwehrautos angebraust, als Wasser wie in einer Sturzflut vom Hang hinunterschoss und die vielen Räumlichkeiten im Keller unter Wasser setzte. Ich war gerade mal wieder in meiner zweiten Heimat am Bodensee und habe so etwas noch nie erlebt.

Mein Lover Nico, sonst immer vorn dran mit seiner vorlauten Klappe, hielt sich zurück und blieb ganz ruhig. Er war nicht etwa besonders cool, sondern hatte einfach Angst.

„Ich sage lieber nichts", meinte er zu mir, „sonst sperren die mich noch in eine ihrer vielen Kisten in dem roten Auto und fesseln mich mit den langen Schläuchen und ich weiß nicht, wie ich da wieder rauskomme." Nico schickte mich los, die Lage zu erkunden, und ich sollte ihm dann Bericht erstatten. In der Zwischenzeit versteckte er sich mit einem Stofftierchen im Wohnzimmer.

Mir war auch etwas unheimlich, als die vielen Männer so geschäftig hin und her liefen. Dann erhielt ich einen Platzverweis und wurde zu Nico ins Zimmer gesperrt.

Ich schimpfte zwar mächtig, doch niemand reagierte darauf. Nico blieb still und nuckelte an seinem Stofftier. Männer!

> Guck mal Cora... so viel Feuerwehr!
> Ich haue lieber ab und verstecke mich!

Kritisch wurde es für mich einmal, als ich auf Hasenjagd war. Der Zufall wollte es, dass mich mein Herrchen durch hohes Gras führte. Finde ich eigentlich ganz gut.

Es wurde aber noch besser. Im hohen Gras versteckte sich nämlich ein Hase, der durch meine Annäherung in Panik versetzt wurde und fluchtartig losschoss. Ich hinterher.

Herrchen brüllte wieder wie gewohnt, doch ich hörte nicht auf ihn, das war aber diesmal ein Fehler. Der Hase flüchtete zu einem Parkplatz, der durch ein dünnes Stahlseil abgegrenzt war. Ich weiß nicht, warum, aber der Hase überwand das Hindernis, ich nicht!

Da lag ich nun, die Hinterpfoten noch im Stahlseil, der Rest des Körpers auf dem Boden. Es schmerzte fürchterlich und Herrchen geriet in Panik.

Letzten Endes ging die Sache noch gut für mich aus und Herrchen stiftete in der Kirche eine Kerze für meine wunderbare Rettung.

Da wäre noch die Sache mit den Katzen. Die sind hauptsächlich dazu da, von uns gejagt zu werden. Nico, mein Lover vom Bodensee, ist der gleichen Meinung und Swipp, der bayerische Bub, findet es unfair, dass Katzen den Baum hochrennen können und er nicht.

Es gibt aber auch Ausnahmen bei den Katzen. Am Bodensee wohnen zwei Katzen im Stockwerk über dem Nico und mir. Ich muss da jeden Abend rauf, weil die beiden Papageien, die dort ihren Zweitwohnsitz haben, nicht von selbst zu uns zurückfinden würden. Da oben ist so etwas wie eine WG zwischen Katzen und Papageien und einer Zweibeinerin.

Das spielt sich dann so ab: Wenn ich oben durch die Tür gehe, sitzen die beiden Katzen als Spalier da und ich spaziere an ihnen huldvoll vorbei. Wegen ihrer Ehrerbietung tue ich ihnen ja nichts. Außerdem ist die kleinere Katze von der Tiernothilfe und kann auf einem Auge nicht mehr richtig sehen.

Die Katzentöpfe werden kontrolliert und gegebenenfalls auch geleert. Dann nehme ich noch ein Katzen-Spielzeug mit und zeige den Papageien den Heimweg. Warum das Spielzeug aber am nächsten Abend wieder bei den Katzen ist, verstehe ich nicht. Können Katzen zaubern?

Die Papageien haben wahrscheinlich keine Nachtfluglizenz und finden deshalb den Rückweg nicht mehr; außerdem sind die Köpfe ziemlich klein und da können sie sich den Weg bestimmt nicht merken. Die Amazone Lore hat vermutlich gar keinen Pilotenschein, denn sie geht immer zu Fuß. Der freche Graupapagei macht von seiner Fluglizenz kaum Gebrauch; ihm hat man die Tragflächen etwas gestutzt. Nun kann er nur noch Kurzstreckenflüge absolvieren.

Reden kann er so ähnlich wie die Zweibeiner, denn immer wenn er gefragt wird: „Wie macht die Cora, wie macht der Nico?", sagt er entweder „Hu, hu, hu" oder gar nichts oder er ahmt eine Alarmanlage nach; wenn einer von uns Hunden vor der geschlossenen Terrassentür sitzt, schreit der Graue: „Komm rein!" Will der uns veralbern?

Ich werde dich gleich wieder zwicken!

Der Graue will wieder frech werden!

Na, wo sind eure Katzentöpfe?

Den Ball habe ich mal von den Katzen geleast.

Cora macht immer unsere Töpfe leer und klaut unser Spielzeug!

Es tut sich immer etwas im Laufe eines Jahres, mal sind es schöne Erlebnisse, mal Ärgerliches, mal schlimme Dinge, das ist bei den Zweibeinern bestimmt genauso.

Mal sehen, was noch so alles kommt …

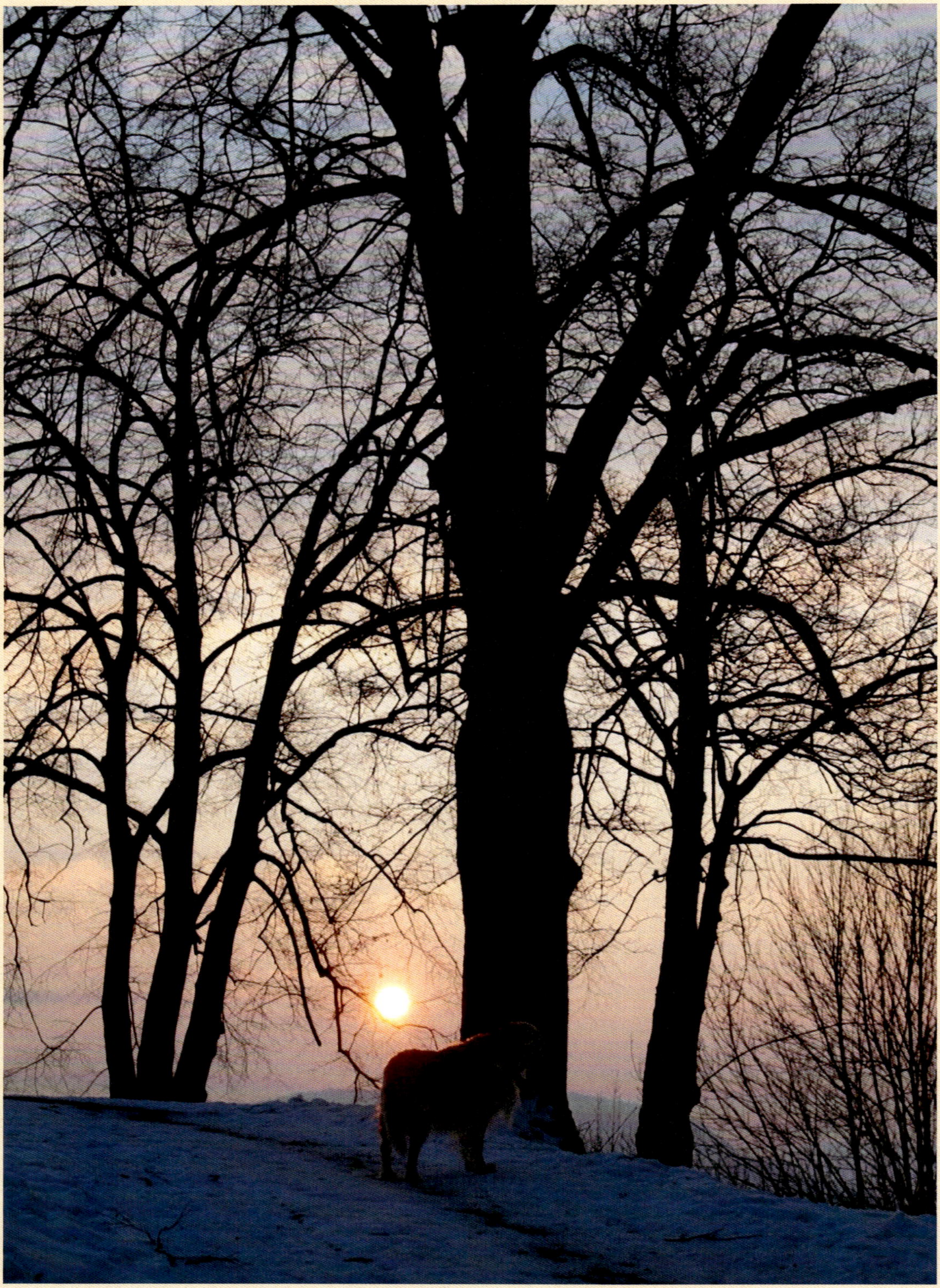

Auch von Freunden muss man Abschied nehmen

Bei einer anstrengenden, aber eindrucksvollen Tour traf unser Rudel kurz vor dem Ziel auf eine Bergbäuerin mit einem wettergegerbten, gütigen Gesicht. Sie kam auf mich zu und streichelte mich liebevoll, als sie zu erzählen begann. Sie hätten auch einen treuen Hund gehabt, aber den gibt es leider nicht mehr.

Herrchen fragte nach, ob nicht ein neuer Hund wieder Freude bringen könnte. „Nein", sagte die Bäuerin traurig, „einen Hund holen ist etwas sehr Schönes, aber einen Hund hergeben müssen ist etwas Furchtbares. Wir wollen und können uns das nicht mehr antun und sind ja auch schon alt." Dabei streichelte sie mich und wünschte uns noch eine lange, glückliche Zeit.

Von Momo, meinem ersten Liebhaber, den ich manchmal lieber Rüpel statt Rüde genannt hätte, konnte ich mich richtig verabschieden. Von Krankheit geplagt schleppte er sich durch die letzten Januartage und wurde dann erlöst. Als er so leblos auf der Decke im Keller lag, beschnupperte ich ihn noch kurz und wusste, mein Momo kommt nie wieder.

Meiner Freundin Ayka, mit der ich zusammen die Hundeschule besuchte und viele private Ausflüge unternahm, konnten die Tierärzte trotz einer Notoperation auch nicht mehr helfen. Ayka wurde noch nicht einmal drei Jahre alt.

Inka, eine kleine Mischlingshündin, mit der ich morgens oft rumgetobt bin, baute innerhalb kurzer Zeit sehr ab und verstarb im besten Hundealter an einem Tumor in der Milz.

Dann sind da noch die vielen anderen Vierbeiner, die man immer wieder mal getroffen hat, und plötzlich hieß es, sie sind nicht mehr da. Manche Hundebesitzer/innen haben noch nach Jahren Tränen in den Augen, wenn sie von ihrem vierbeinigen Lebensgefährten erzählen.

In der Hundeschule gestand mal ein Herrchen ein, dass er den Tod seines ersten Hundes gar nicht wahrhaben wollte und noch tagelang immer zur gleichen Zeit die Leine genommen hat und Gassi gegangen ist. Da läuft ein Mensch mit einer Leine in der Hand durch die Gegend und es ist weit und breit kein Hund in der Nähe.

Franz von Assisi, das ist der, der mit den Tieren gesprochen hat, soll gesagt haben:

„Dass mir der Hund das Liebste sei, sagst du, o Mensch, sei Sünde; der Hund blieb selbst im Sturm mir treu, der Mensch nicht mal im Winde!"

Neben solchen klugen Sätzen gibt es auch dumme Sätze über uns Hunde. Der dümmste Satz davon ist für mich: „Es ist doch nur ein Hund …"

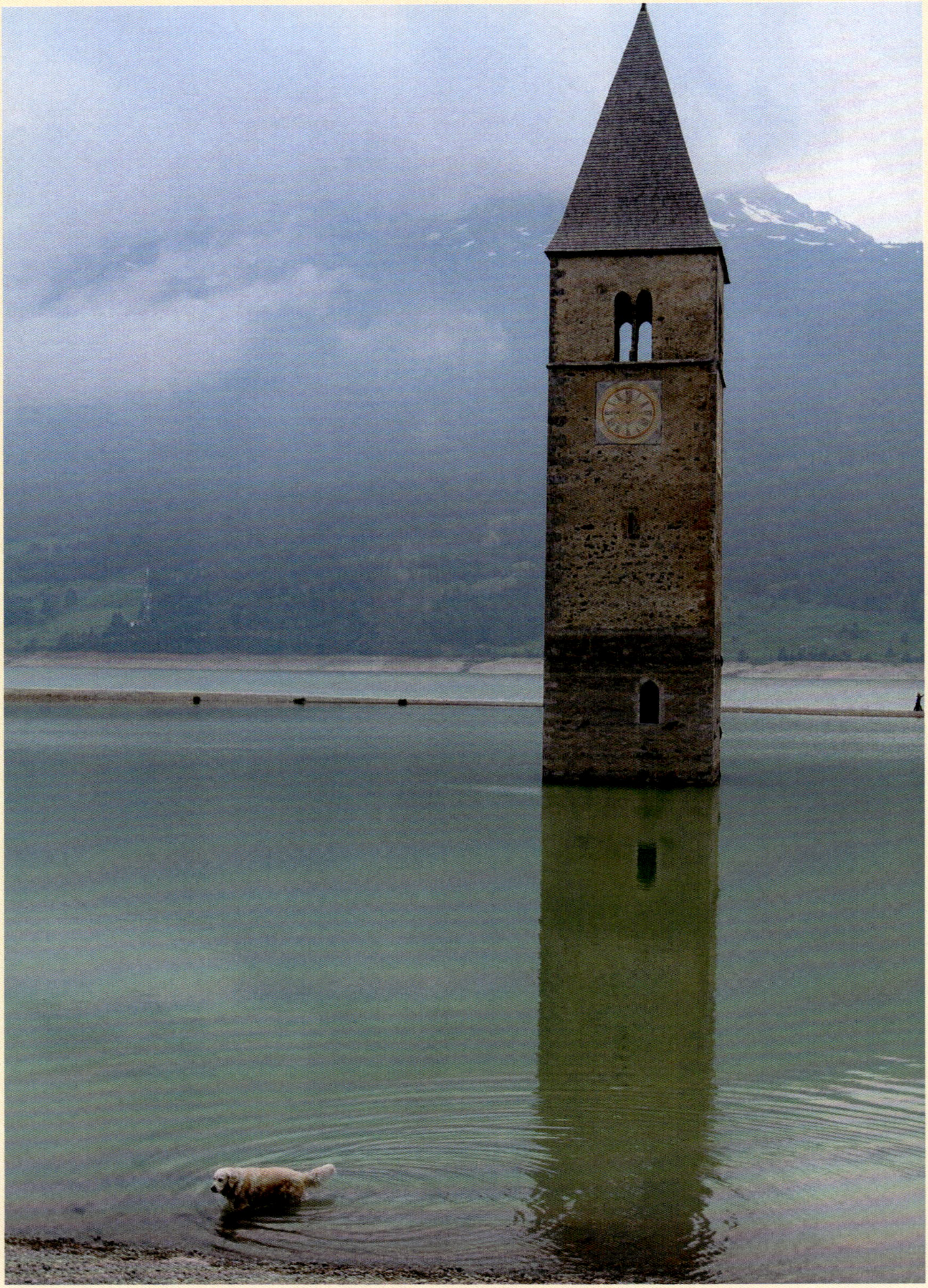

Vielleicht sind die Menschen in Irland mehr mit ihren Tieren verbunden, denn dort sagt man:

Ein Hund ist ein Herz auf vier Pfoten.

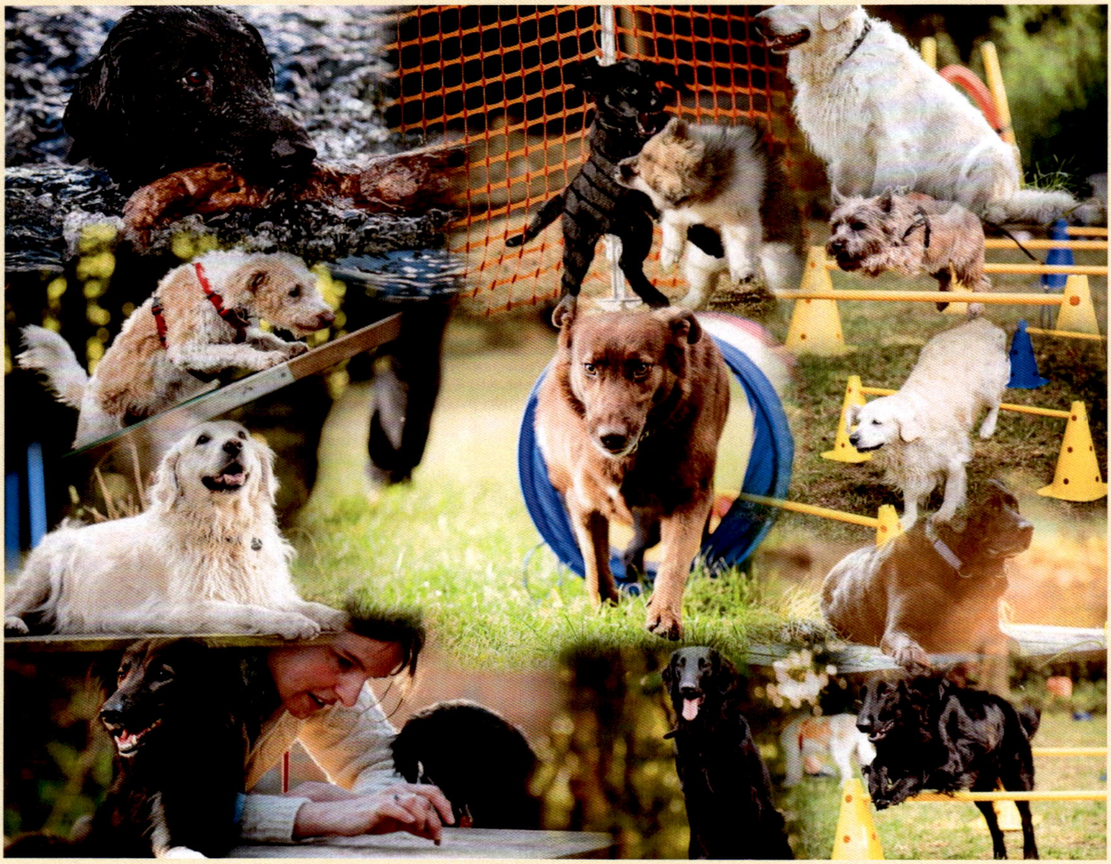

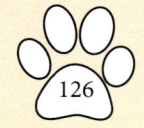

Nachwort

Es ist für einen unbekannten Autor heutzutage nicht einfach, ein Buch auf den Markt zu bringen und sich zu behaupten. Die Versuche, Unterstützung bei renommierten Firmen zu finden, die alle in irgendeiner Form an Tieren verdienen, sei es direkt mit Nahrungsmitteln oder Zubehör oder indirekt als Pharmabranche oder Versicherungskonzern, verliefen im Sande; teilweise wurden Nachfragen nicht zur Kenntnis genommen oder kühl abgelehnt. Man spürte deutlich, mit fehlendem Promi-Status als Nobody behandelt zu werden. So manche Episode zum Thema „Sponsorensuche – ein Armutsbericht deutscher Vorzeigeunternehmen" würde Kopfschütteln auslösen.

Aber es gibt auch erfreuliche Ausnahmen, Menschen, die ohne Eigeninteresse zum Gelingen dieses Buchprojektes beigetragen haben. Ich möchte mich herzlich für die wohltuende Unterstützung bei

Herrn Prof. Dr. med. Thomas Haak, Chefarzt vom Diabetes Zentrum Mergentheim und Chefredakteur vom „Diabetes Journal",

und bei Herrn Matthias Schweikl vom „Bergknappenhof" in Bodenmais bedanken.

Technische Unterstützung fand ich bei Herrn Dr. Gert Scheffler, Chemnitz, mit seinem Programm „Foto-Beschriften" zur Gestaltung der Sprechblasen.

Dank auch an Frau Sabrina Brenzel, Markdorf am Bodensee, für wertvolle Gestaltungshinweise.

Ferner hat Herr Milan Stephan, Hersbruck, das Buch mit nebenstehenden Fotos bereichert.

Alle übrigen Fotos stammen vom Autor.

Näheres gibt es auch im Internet unter www.cora-buch.de und Kontaktaufnahme ist unter info@cora-buch.de möglich.

Ihr

Detlev Dinter

Hersbruck und Salem am Bodensee im August 2013